Exercícios para Piano e Teclados

Exercícios mecânicos
Escalas, arpejos
e acordes

2ª Edição Revista

Luciano Alves

VOLUME 1

Nº Cat.: 375-M

Irmãos Vitale Editores Ltda.
vitale.com.br
Rua Raposo Tavares, 85 São Paulo SP
CEP: 04704-110 editora@vitale.com.br Tel.: 11 5081-9499

© Copyright 2005 by Irmãos Vitale Editores Ltda. - São Paulo - Rio de Janeiro - Brasil.
Todos os direitos autorais reservados para todos os países. *All rights reserved.*

CIP - Brasil. Catalogação na fonte.
Sindicato Nacional dos Editores de Livros, RJ.

> A48e
> v. 1
>
> Alves, Luciano, 1956 -
> Exercícios para piano e teclados, v.1 : exercícios mecânicos :
> escalas, arpejos e acordes / Luciano Alves. - São Paulo :
> Irmãos Vitale.
> ISBN nº 85-7407-201-X
> ISBN nº 978-85-7407-201-2
>
> 1. Piano - Instrução e estudo. 2. Música para instrumento de
> teclado - Instrução e estudo. I. Título.
>
> 05-1671   CDD-786.207
> 25.05.05 01.06.05 010345   CDU-786.2(07)

CRÉDITOS

Produção geral e editoração de partituras
Luciano Alves

Revisão musical
Claudio Hodnik e Roberto Bahal

Revisão de texto
Maria Elizabete Santos Peixoto

Capa
Monika Mayer e Luciana Mello

Produção executiva
Fernando Vitale

SUMÁRIO

INTRODUÇÃO 4

EXERCÍCIOS MECÂNICOS 6
Preliminar para independência dos dedos 6
Exercícios de independência dos dedos 8
Exercícios progressivos 10

EXERCÍCIOS PARA AGILIDADE 16
Seqüências com tercinas 16
Seqüências com semicolcheias 22

NOTAS SIMULTÂNEAS 30
Exercícios em terças 30
Terças em quiálteras 33

PASSAGEM DO POLEGAR 34
Preliminar para escalas 34

ESCALAS 36
Escala maior com sustenido 36
Escala maior com bemol 37
Escala menor harmônica com sustenido 39
Escala menor harmônica com bemol 40
Escala menor melódica com sustenido 42
Escala menor melódica com bemol 43
Escalas em movimento contrário 45
Escala cromática 48
Escalas e modos para improvisação 49

ARPEJOS E ACORDES 54
Preliminar para arpejos e acordes 54
Arpejos em uma oitava e acordes dobrados 58
Arpejos maiores e menores em quintas sucessivas 63
Arpejos em movimento contrário 69
Arpejos em semitons sucessivos 70
Preliminar para arpejos de 7ª dominante 72
Arpejos de 7ª dominante 76
Arpejos e acordes de 7ª diminuta 82

MODELO 86
Modelo para praticar em todos os tons 86

INTRODUÇÃO

A função primordial dos dedos é pegar, segurar, agarrar objetos, o que exige a compressão do segundo, terceiro, quarto e quinto dedos contra o primeiro (polegar). Este movimento é, em geral, executado com destreza por qualquer ser humano, desde seus primeiros anos de vida, sobretudo porque consiste em uma ação inerente ao instinto básico da sobrevivência. Transmutar esta demanda essencial em uma atividade que requer independência integral de cada um dos dedos, como executar o piano, é, em princípio, contradizer a própria natureza humana – o que parece ser o fundamento da vida: aceitar desafios, perseverar, transcender, conquistar.

A atividade cerebral envolvida no ato de tocar o piano é imensurável. Para que a memória e o sistema nervoso central arquivem e reproduzam corretamente cada novo movimento preciso dos dedos, são necessários estudo, persistência e repetição. Quando estes quesitos são observados com o apoio de metodologia correta, o esforço compensa e possibilita executar com firmeza e, sobretudo, com prazer, o piano.

No empenho diário necessário ao desenvolvimento da independência de articulação dos dedos, há muito tempo foram introduzidos "exercícios para os cinco dedos", assim como escalas e arpejos os quais, além de desenvolver a técnica, contribuem, simultaneamente, para o aprendizado de leitura de notas. Existem já diversas publicações que tratam das combinações matemáticas possíveis entre os cinco dedos de cada mão, não tendo, portanto, este trabalho a intenção de apresentar exercícios inéditos nesta área. A originalidade consiste no fato de ser este um livro de técnica elaborado tanto para pianistas de música erudita quanto de popular – em virtude da inclusão de cifras, modos e escalas para improvisação – e na nitidez da escrita dos célebres exercícios, escalas e arpejos, aqui dedilhados, espaçados e diagramados utilizando o computador, com o intuito de facilitar o estudo diário da técnica pianística. Utilizando *software* específico, foi possível eliminar erros de simetria relacionados aos movimentos ascendentes e descendentes dos exercícios, assim como erradicar imperfeições da escrita e da impressão, típicas de tantos livros do gênero.

A finalidade deste trabalho é proporcionar aos iniciantes de piano a independência dos dedos, o correto posicionamento das mãos, a uniformidade de intensidade, a agilidade, a correta passagem do polegar, o fortalecimento dos músculos flexores, extensores e das ramificações que possibilitam as diversas atividades dos pulsos, das mãos e dos dedos, e a uniformidade rítmica.

Para alcançar essas metas, os exercícios devem ser praticados por categorias: é preferível exercitar diariamente poucos exercícios de cada tipo do que vários seguidos, de uma só categoria. É importante estudar lentamente com mãos separadas, mantendo ombros, braços, antebraços e mãos relaxados. Posteriormente, deve-se juntar as mãos. Os dedos devem permanecer sempre relaxados sobre as teclas. Para evitar que os mesmos façam movimentos involuntários, é necessário concentração para mover somente o dedo solicitado. As notas devem ser executadas suavemente. As mãos devem ser mantidas em posição arredondada, exceto nas tonalidades que utilizam muitas teclas pretas, que demandam a posição esticada. Ao mínimo indício de estresse muscular, deve-se fazer uma pausa, relaxar e mudar de exercício.

Gradativamente, deve-se acrescentar mais velocidade no ataque das notas para alcançar maior volume sonoro. A intensidade é proporcional à velocidade de ataque e não ao aumento exagerado de força muscular aplicada à execução. Através da assimilação deste conceito, o estudante estará apto a interpretar as intensidades mais fortes ainda mantendo os braços relaxados. Em hipótese alguma deve-se articular os dedos em demasia. As notas devem ser, mais precisamente, "empurradas" para baixo para que se obtenha uma sonoridade agradável. A mão deve permanecer sempre alinhada na horizontal com o antebraço, pois o pulso elevado ou abaixado impede a fluência da energia dos músculos dos dedos os quais originam-se na base do antebraço.

Instruções e observações

1. Acentuar os exercícios com colcheias e semicolcheias a cada compasso, da seguinte forma:

2. O professor deve incentivar o aluno a aplicar variações rítmicas nos exercícios e arpejos tais como:

3. Exercitar do número 19 ao 48, também subindo e descendo, a exemplo do exercício 80.

4. Praticar os exercícios de 1 a 150 em todas as tonalidades, utilizando, como referência, o Modelo para Praticar (pg. 86) o qual está escrito em todos os tons, incluindo os enarmônicos.

5. Teoricamente, a escala menor melódica possui, na ascendente, a seqüência de intervalos T, St, T, T, T, T, St e, na descendente, assume a forma da escala menor natural composta de St, T, T, St, T, T, St, T. No entanto, neste livro, a menor melódica é mostrada somente com a seqüência da ascendente, de maneira que possa ser aplicada nas improvisações sobre os acordes m6, m6 9, m(M7), m(M7 9). Outras aplicações desta importante escala são detalhadas no livro "Escalas para Improvisação" (Editora Irmãos Vitale).

6. Quando, entre as pautas das claves de Sol e de Fá aparecer uma única numeração de dedilhado, a mesma indica que é comum para as duas mãos. Isto ocorre nos exercícios de movimento contrário.

7. Os Arpejos em Semitons Sucessivos (pg. 70) são mostrados, apenas, nos 12 tons mais utilizados. Os terceiros compassos de cada tonalidade mostram o arpejo de preparação (V) da tonalidade do semitom subseqüente.

8. Nos Arpejos, a indicação V7 representa o acorde dominante de uma determinada tonalidade.

9. As escalas e arpejos devem ser também exercitados em três e em quatro oitavas. No exercício Escalas e Modos para Improvisação (pg. 49), as escalas podem ser executadas uma oitava acima e outros dedilhados podem ser experimentados. Este exercício proporciona um profundo conhecimento das notas disponíveis para improvisação sobre os modos e dos acordes diatônicos.

10. As cifras dos acordes são representadas por letras de imprensa, como a seguir:

A	B	C	D	E	F	G
Lá	Si	Dó	Ré	Mi	Fá	Sol

As letras seguidas de "m" simbolizam os acordes menores. Nos acordes maiores não se utiliza o "M".

11. As alterações das notas dos Arpejos e Acordes de Sétima Diminuta (pg. 82) estão escritas de forma simplificada, ou seja, não foram utilizadas alterações dobradas, características do intervalo de 7ª diminuta em relação à tônica de determinadas tonalidades.

Luciano Alves

EXERCÍCIOS MECÂNICOS

Preliminar para independência dos dedos

Movimento paralelo e contrário.

Exercícios de independência dos dedos

Repetir cada compasso várias vezes.

Exercícios progressivos

Exercitar, também, em duas oitavas e em todos os tons.

EXERCÍCIOS PARA AGILIDADE

Sequências com tercinas

Sequências com semicolcheias

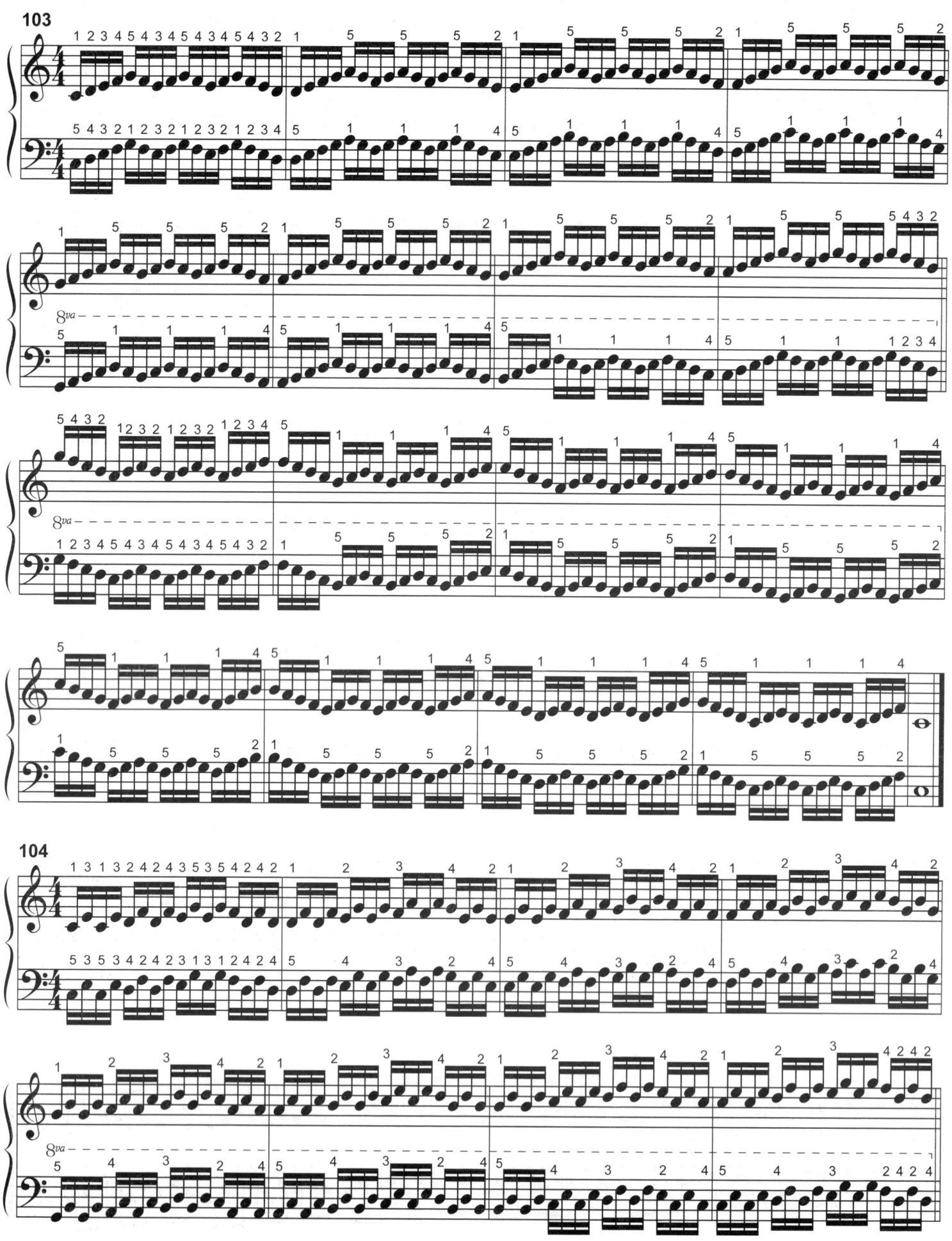

NOTAS SIMULTÂNEAS

Exercícios em terças

Exercitar 4 vezes cada exercício, do 115 ao 138.

Exercitar seguidamente.

Terças em quiálteras

142

PASSAGEM DO POLEGAR

Preliminar para escalas

Repetir quatro vezes os compassos com ritornello.
Dedilhado da escala de Dó Maior.

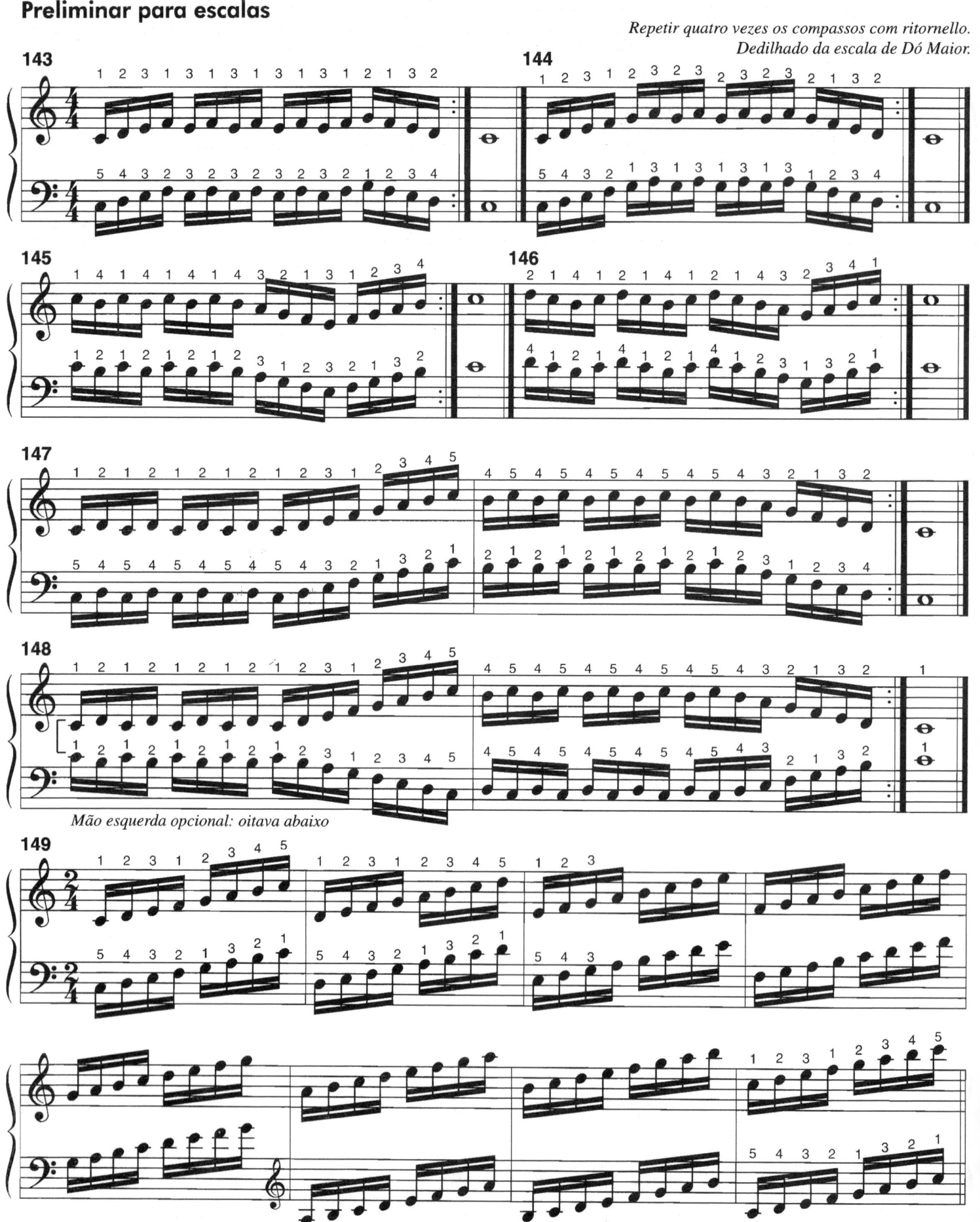

Mão esquerda opcional: oitava abaixo

ESCALAS

Escala maior com sustenido

Exercitar, também, em quatro oitavas acentuando a cada quatro notas.

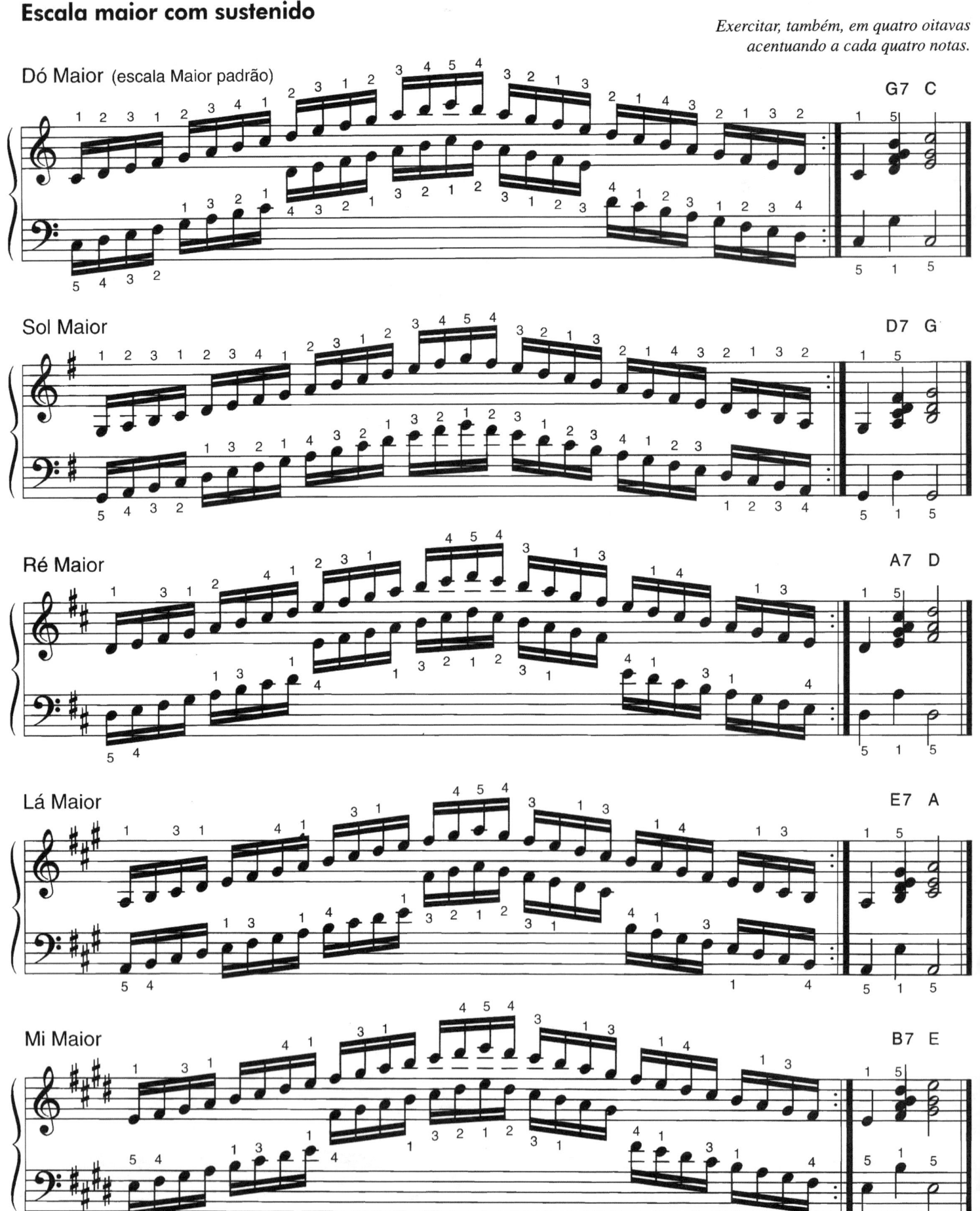

Si Maior (enarmônica de Dó♭)   F#7 B

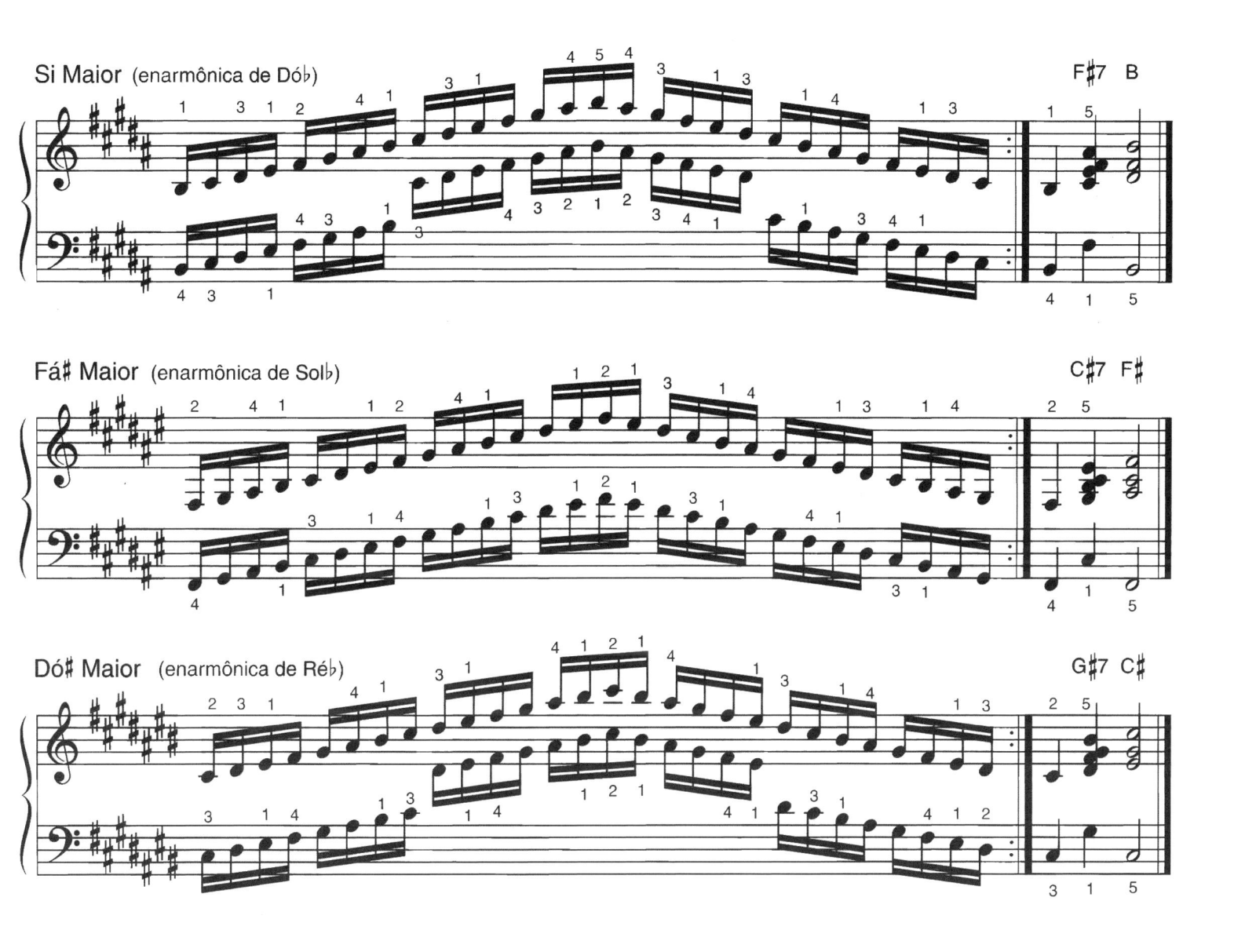

Fá# Maior (enarmônica de Sol♭)   C#7 F#

Dó# Maior (enarmônica de Ré♭)   G#7 C#

Escala maior com bemol

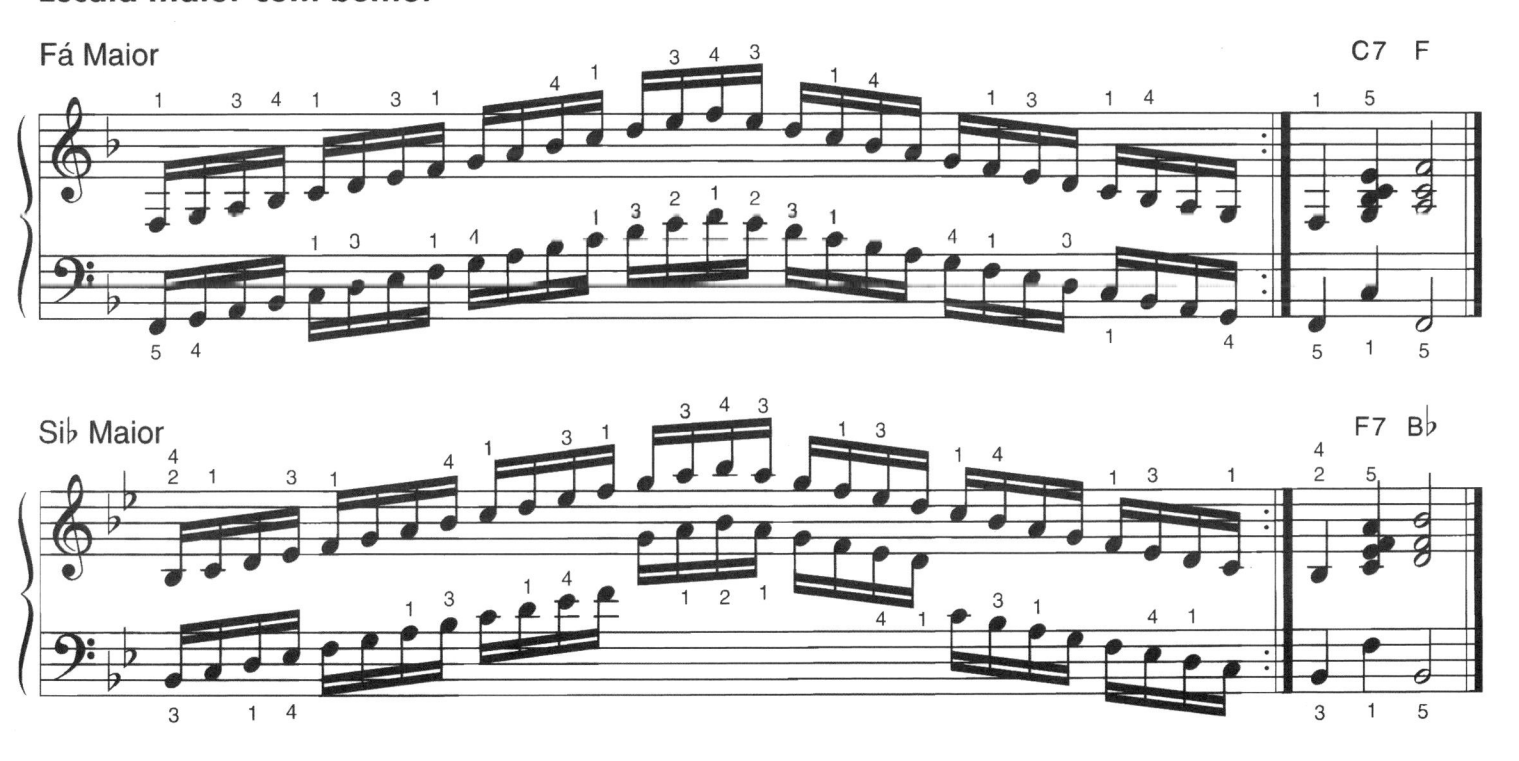

Fá Maior   C7 F

Si♭ Maior   F7 B♭

37

Mi♭ Maior — B♭7 E♭

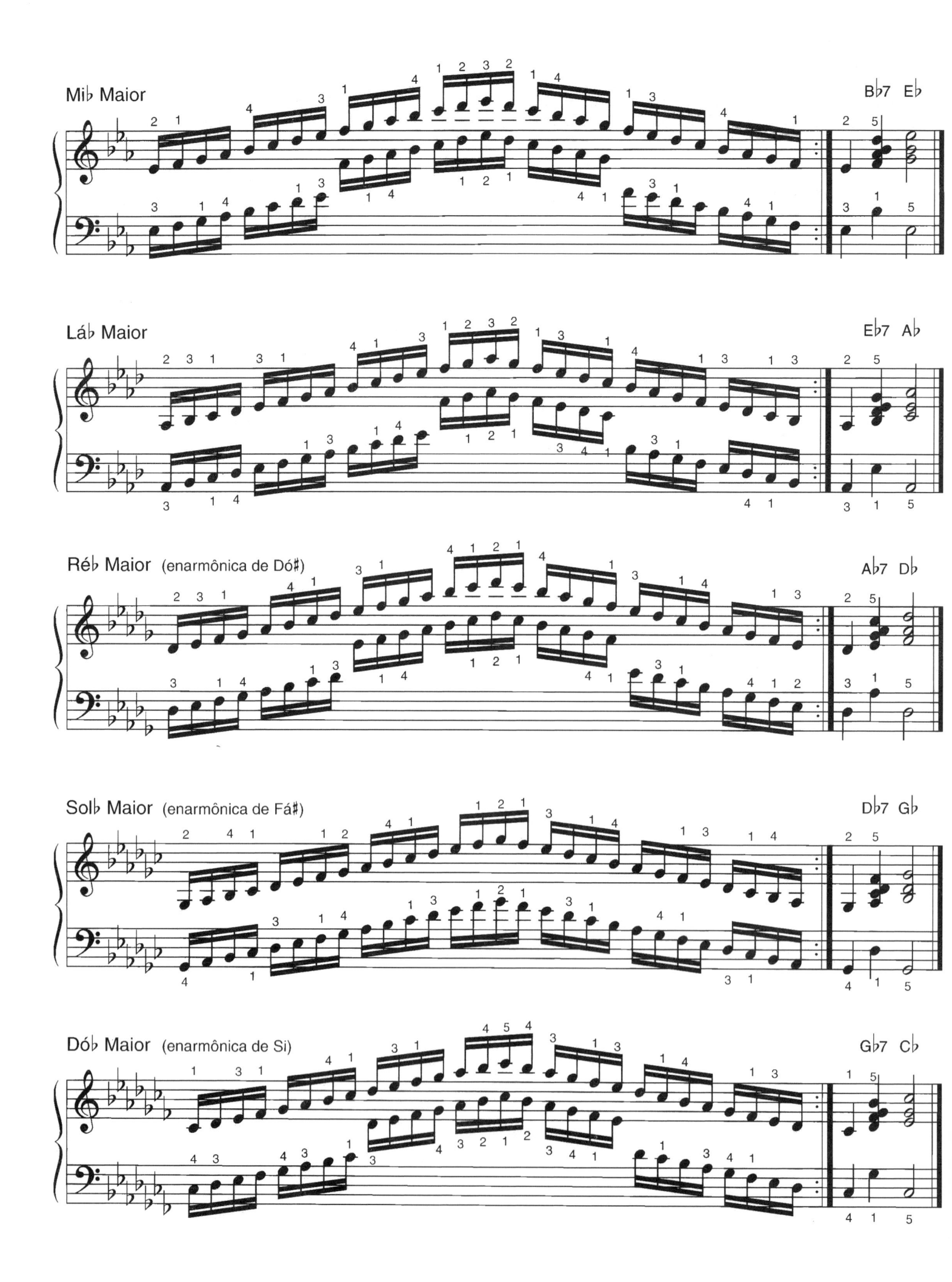

Lá♭ Maior — E♭7 A♭

Ré♭ Maior (enarmônica de Dó#) — A♭7 D♭

Sol♭ Maior (enarmônica de Fá#) — D♭7 G♭

Dó♭ Maior (enarmônica de Si) — G♭7 C♭

Escala menor harmônica com sustenido

Lá menor (escala menor padrão) — E7 Am

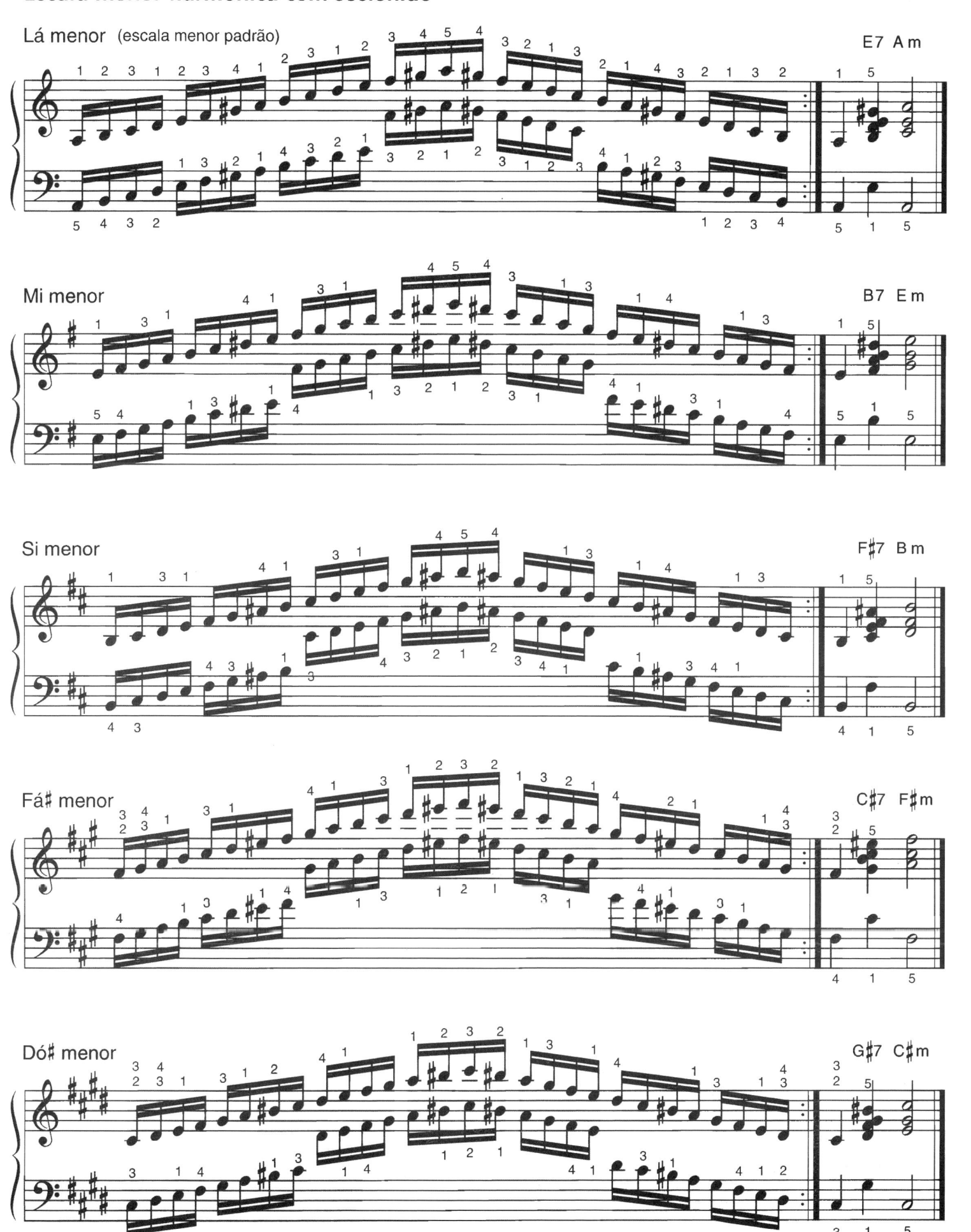

Mi menor — B7 Em

Si menor — F#7 Bm

Fá# menor — C#7 F#m

Dó# menor — G#7 C#m

39

Sol# menor (enarmônica de Láb m)   D#7 G#m

Ré# menor (enarmônica de Mib m)   A#7 D#m

Lá# menor (enarmônica de Sib m)   E#7 A#m

Escala menor harmônica com bemol

Ré menor   A7 Dm

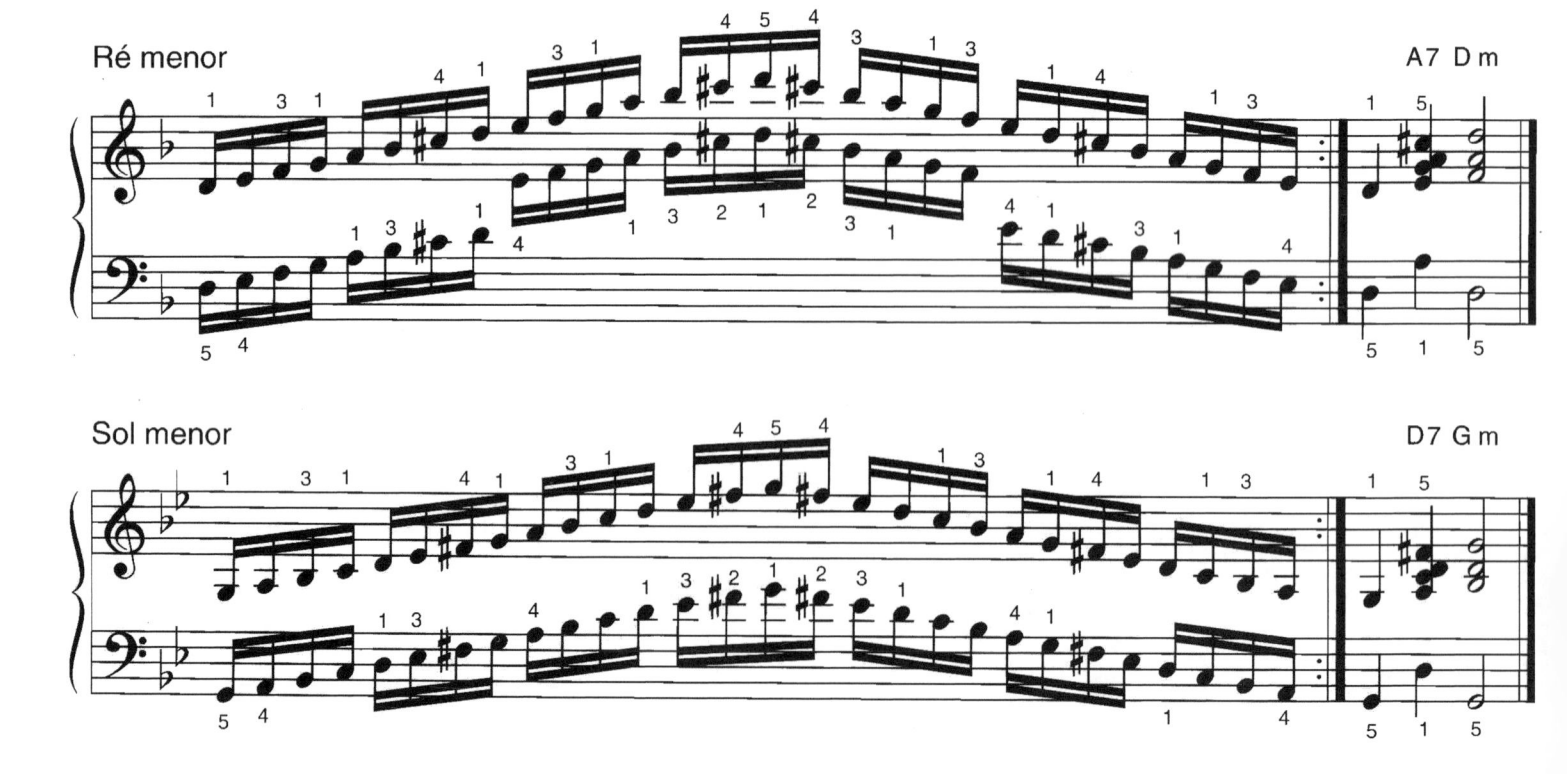

Sol menor   D7 Gm

Dó menor — G7 Cm

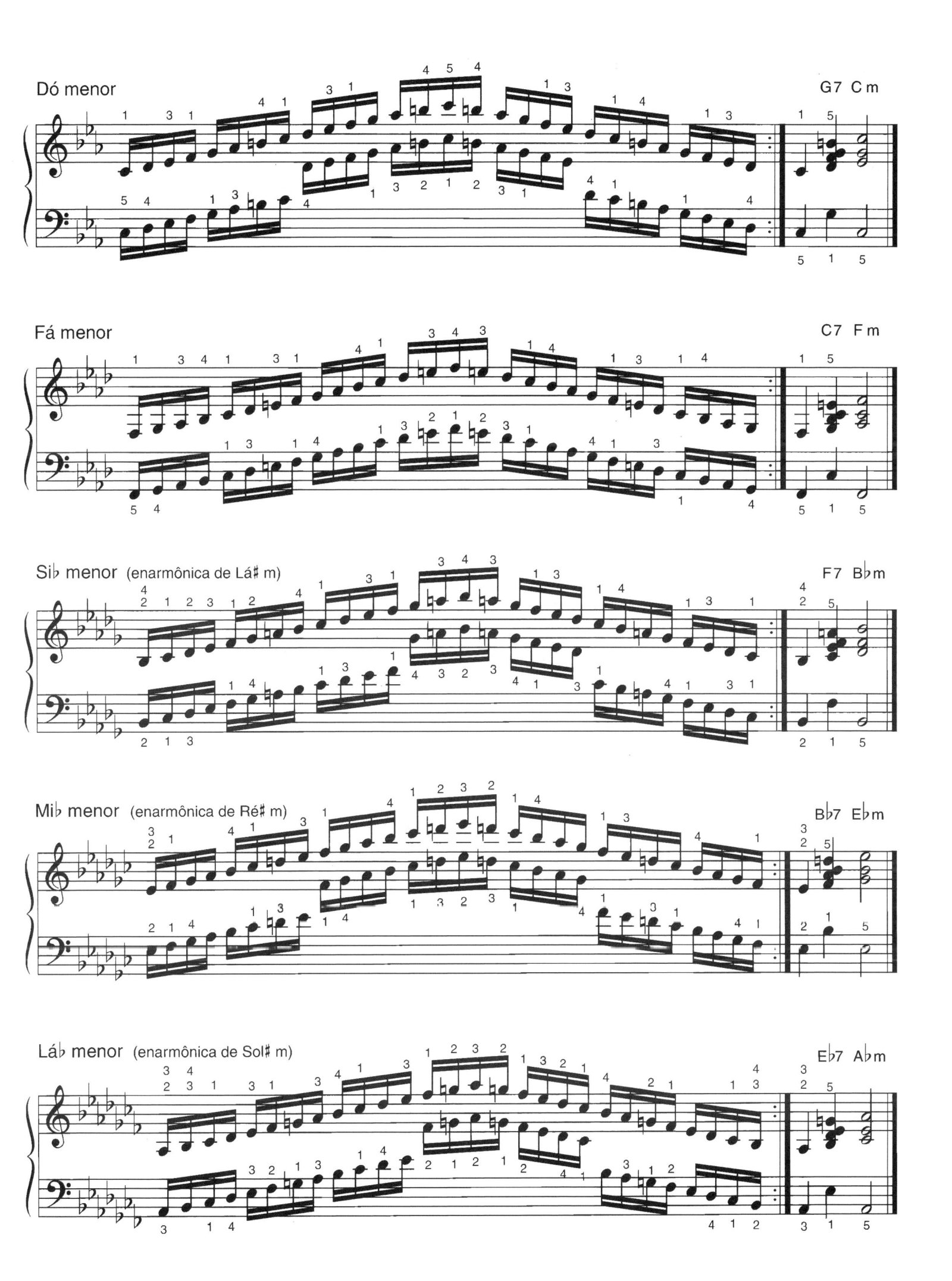

Fá menor — C7 Fm

Si♭ menor (enarmônica de Lá♯ m) — F7 B♭m

Mi♭ menor (enarmônica de Ré♯ m) — B♭7 E♭m

Lá♭ menor (enarmônica de Sol♯ m) — E♭7 A♭m

41

Escala menor melódica com sustenido

Com a descendente igual à ascendente (escala bachiana).

Lá menor (escala menor padrão)

Mi menor

Si menor

Fá# menor

Dó# menor

Sol# menor (enarmônica de Láb m)

Ré# menor (enarmônica de Mib m)

Lá# menor (enarmônica de Sib m)

Escala menor melódica com bemol

Ré menor

Sol menor

Dó menor — G7 Cm

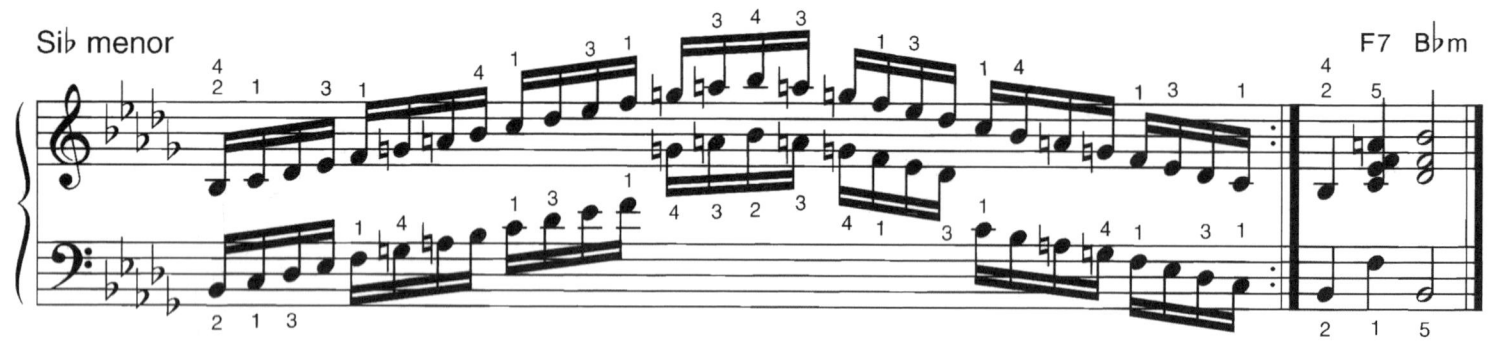

Fá menor — C7 Fm

Sib menor — F7 Bbm

Mib menor (enarmônica de Ré# m) — Bb7 Ebm

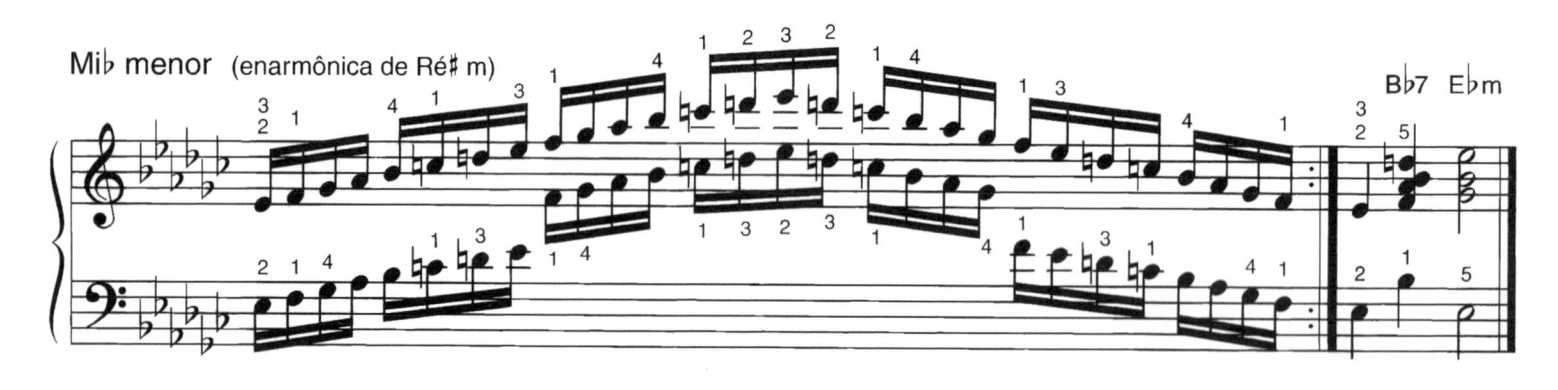

Láb menor (enarmônica de Sol# m) — Eb7 Abm

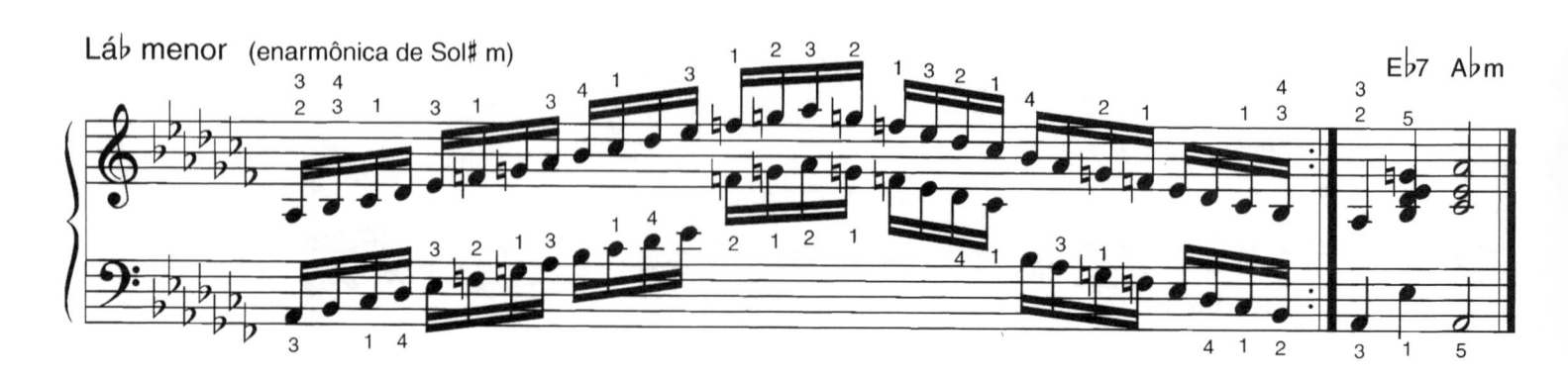

Escalas em movimento contrário

Exemplos de escalas em movimento contrário.
Exercitar, também, nas demais tonalidades.

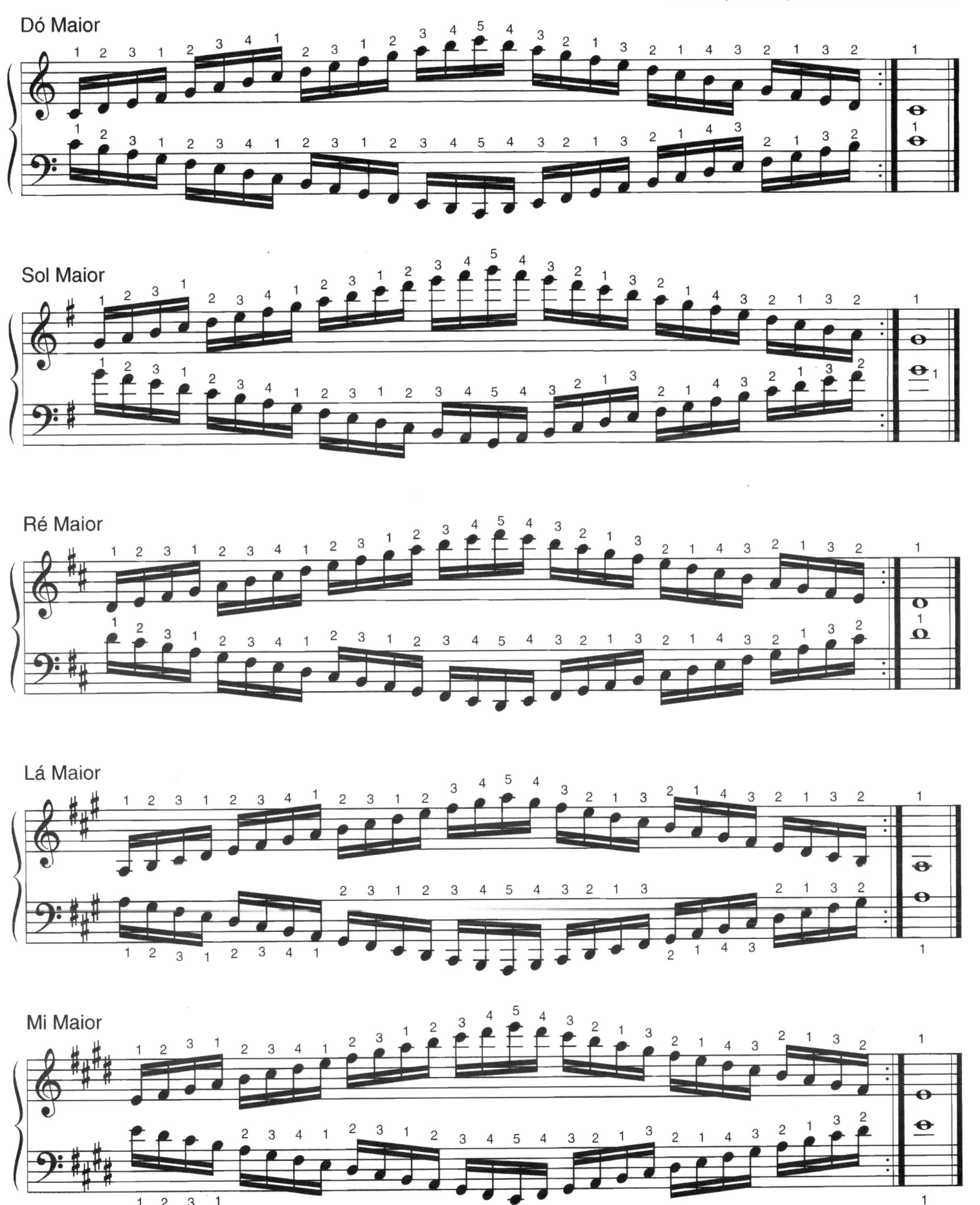

Dó Maior

Sol Maior

Ré Maior

Lá Maior

Mi Maior

Fá Maior *(Dedilhado assimétrico)*

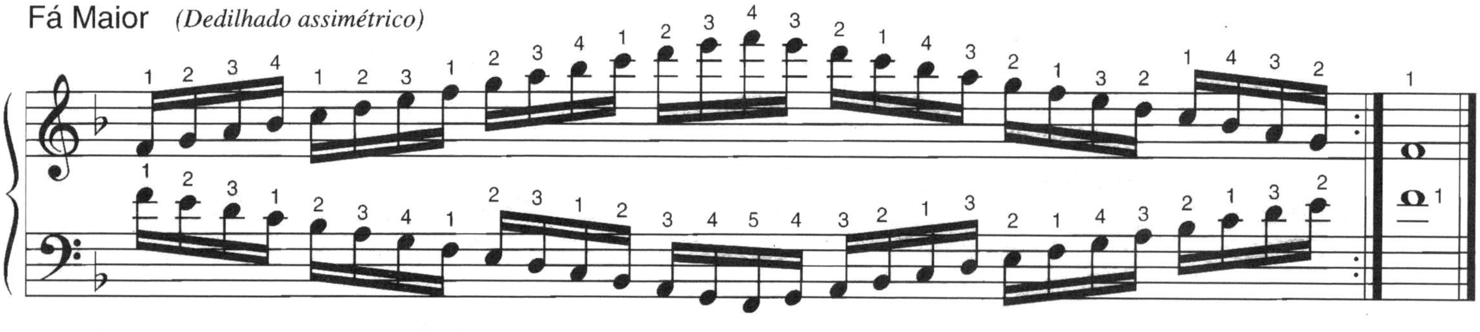

Si♭ Maior *(Dedilhado assimétrico)*

Mi♭ Maior *(Dedilhado assimétrico)*

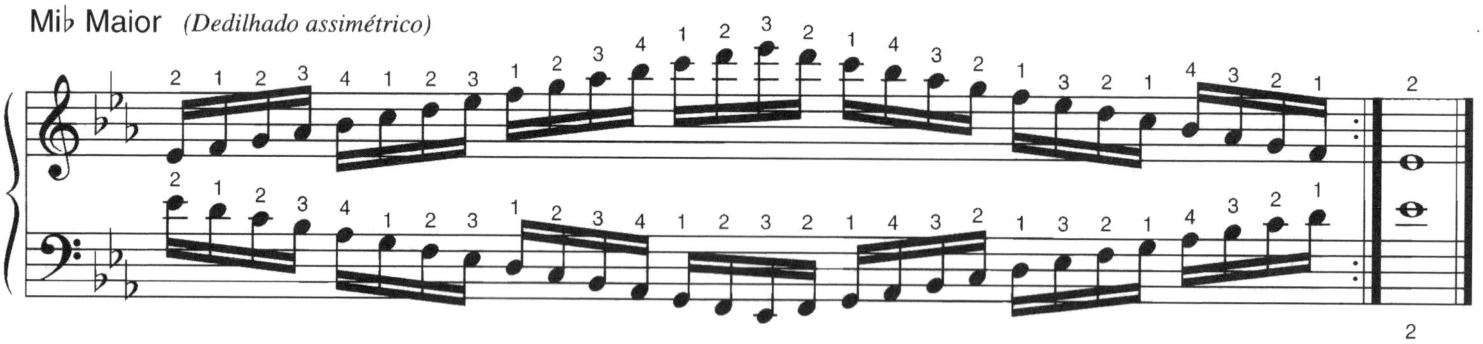

Lá menor

Exemplos com a escala menor harmônica.

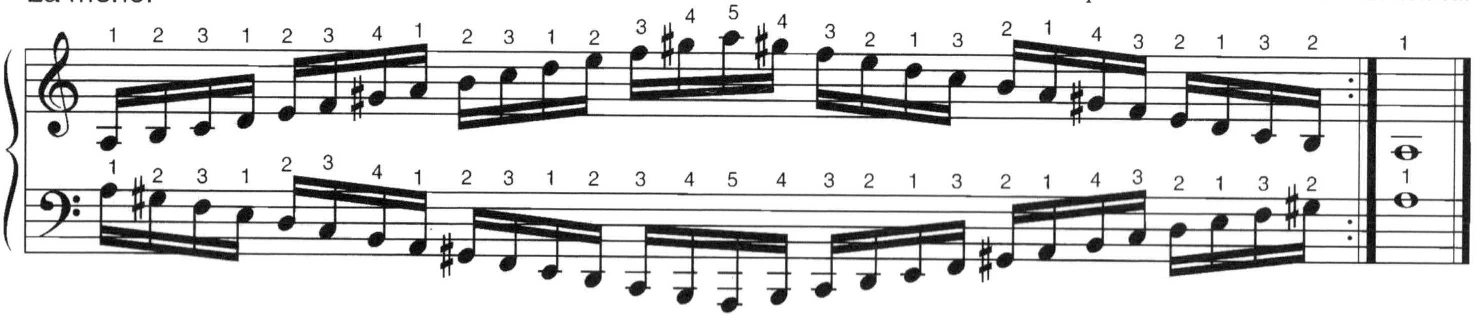

Mi menor

Si menor *(Dedilhado assimétrico)*

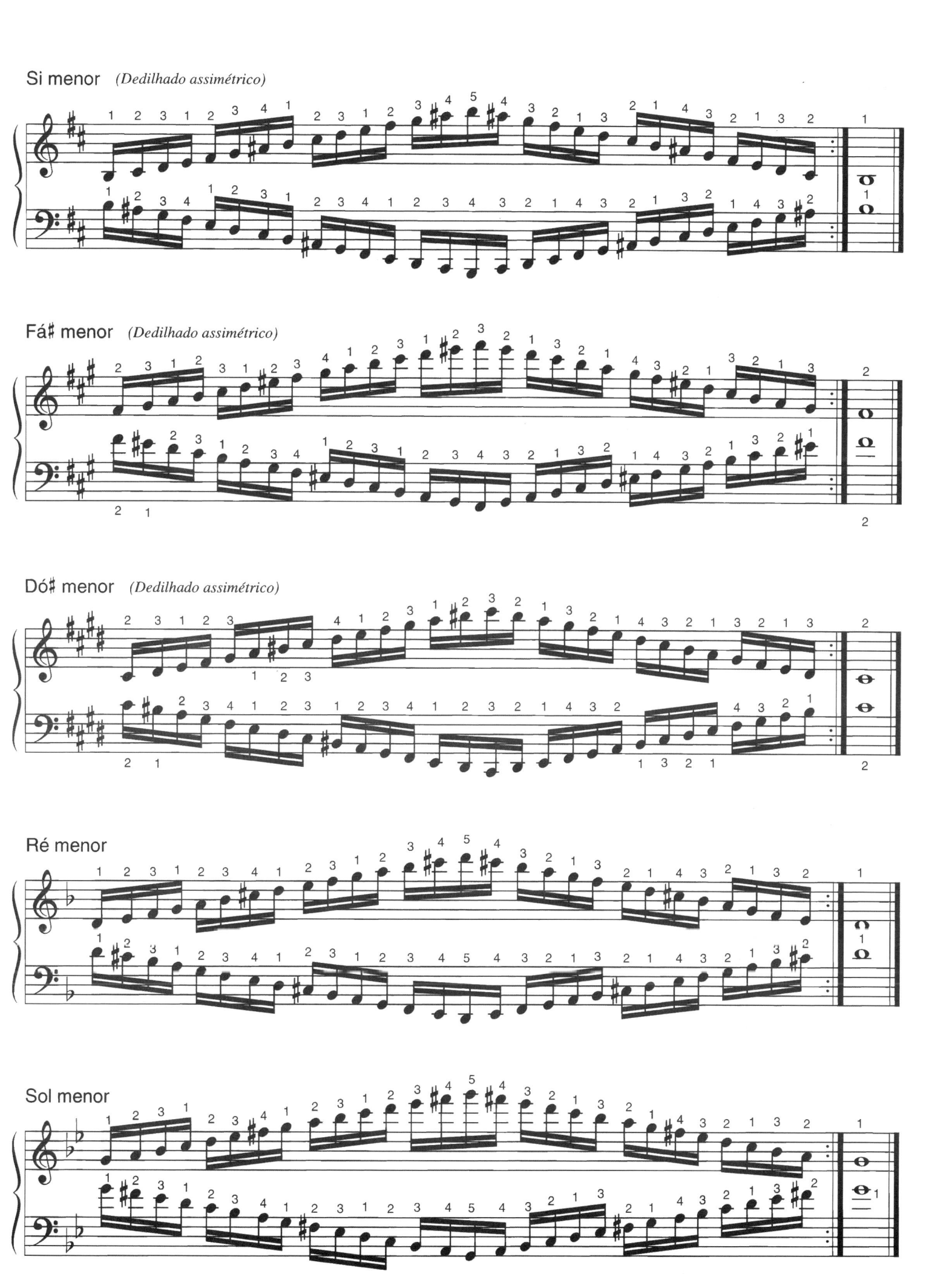

Fá# menor *(Dedilhado assimétrico)*

Dó# menor *(Dedilhado assimétrico)*

Ré menor

Sol menor

Escala cromática

Primeiro dedilhado

Segundo dedilhado

Movimento contrário

Escalas e modos para improvisação

Modos gerados a partir da escala Maior.
Em todos os tons, incluindo os enarmônicos.

Dó — Jônico — C 7M — Dórico — D m7 — Frígio — E m7 — Lídio — F 7M

Mixolídio — G 7 — Eólio — A m7 — Lócrio — B m7(♭5) — Jônico — C

Dó# (en. de Ré♭) — C#7M — D#m7 — E#m7 — F#7M

G#7 — A#m7 — B#m7(♭5) — C#

Ré♭ (en. de Dó#) — D♭7M — E♭m7 — F m7 — G♭7M

A♭7 — B♭m7 — C m7(♭5) — D♭

Ré
D 7M
E m7
F♯m7
G 7M
A 7
B m7
C♯m7(♭5)
D
Mi♭
E♭7M
F m7
G m7
A♭7M
B♭7
C m7
D m7(♭5)
E♭
Mi
E 7M
F♯m7
G♯m7
A 7M
B 7
C♯m7
D♯m7(♭5)
E

Fá

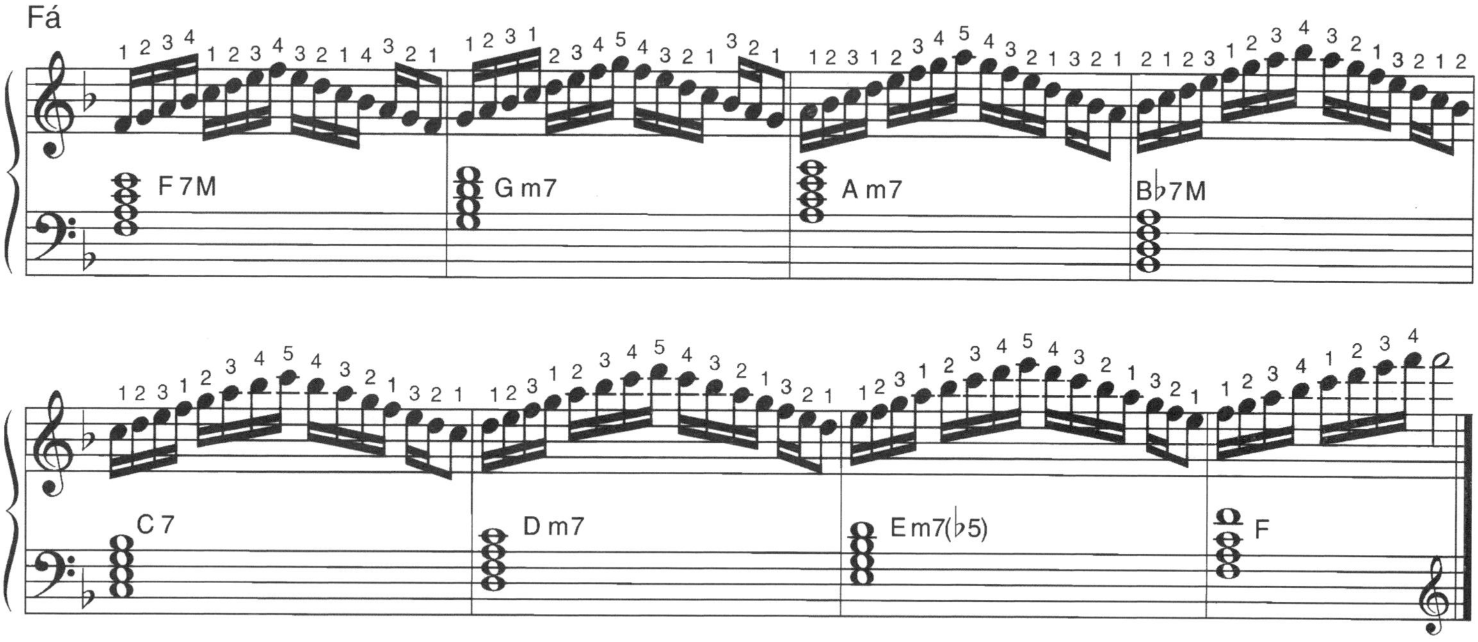

Fá♯ (en. de Sol♭)

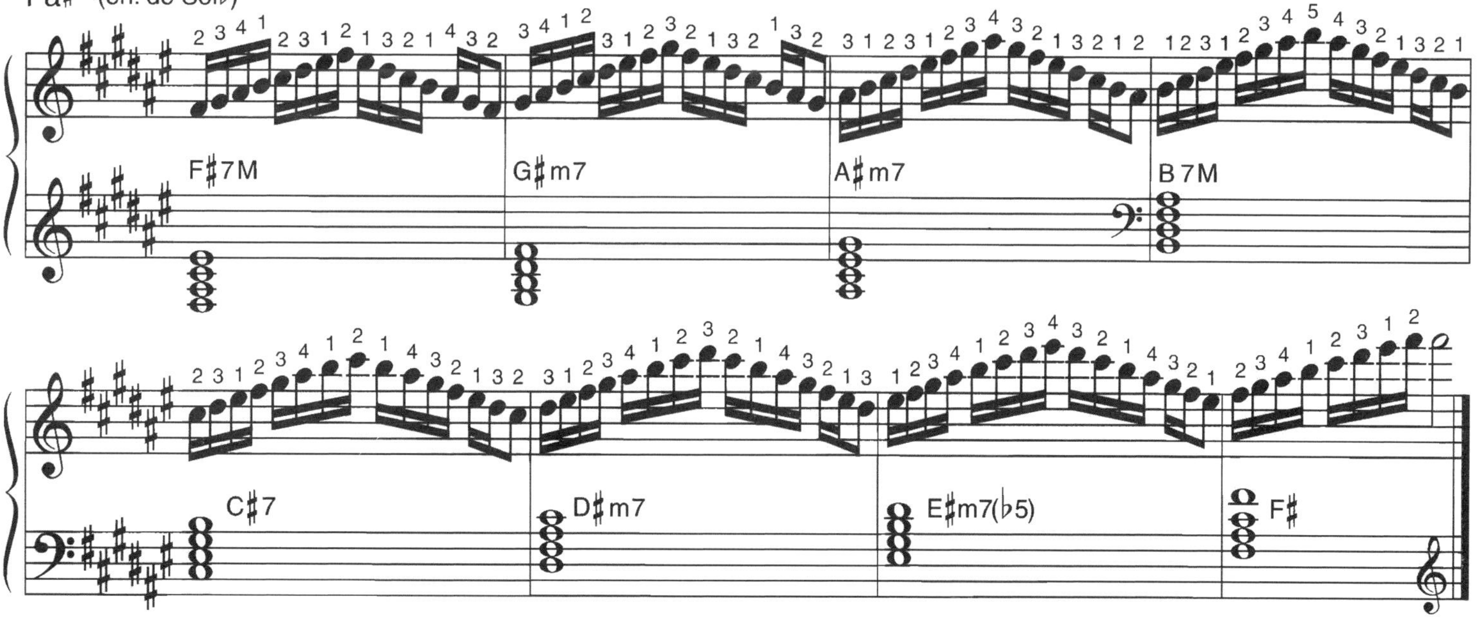

Sol♭ (en. de Fá♯)

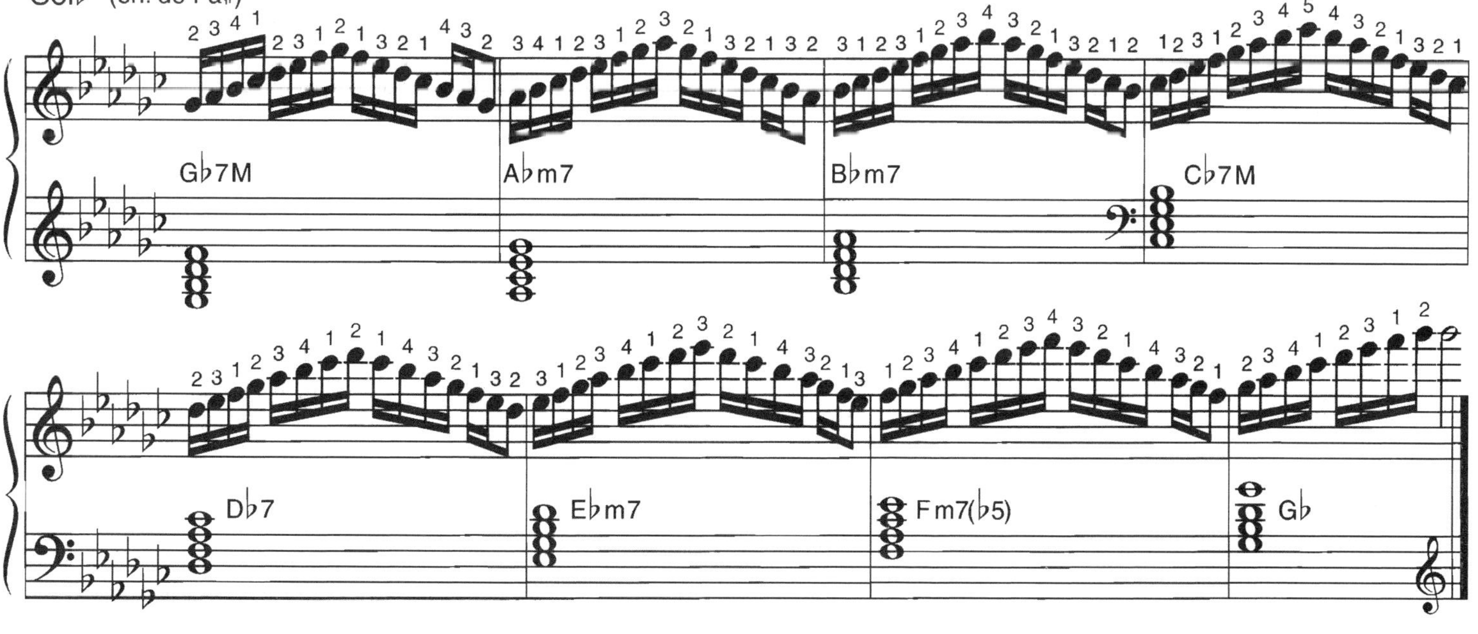

Sol

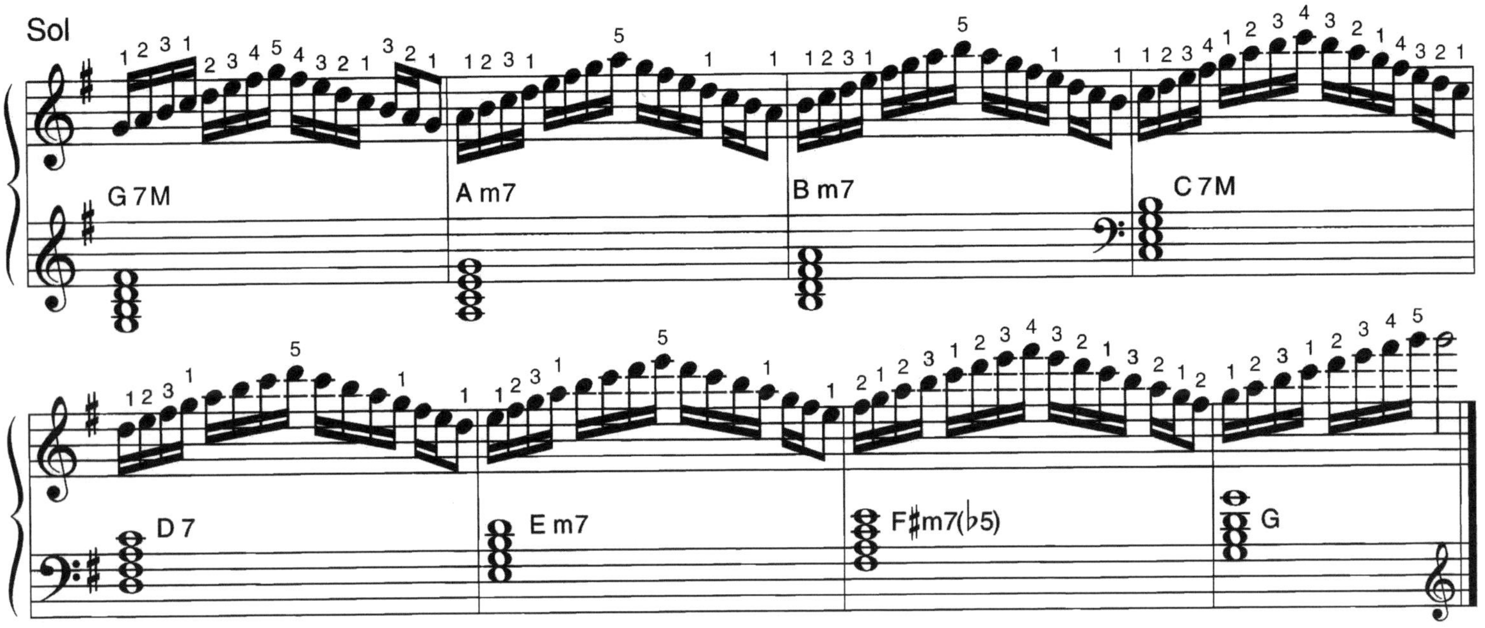
G 7M
A m7
B m7
C 7M
D 7
E m7
F♯m7(♭5)
G

Lá♭

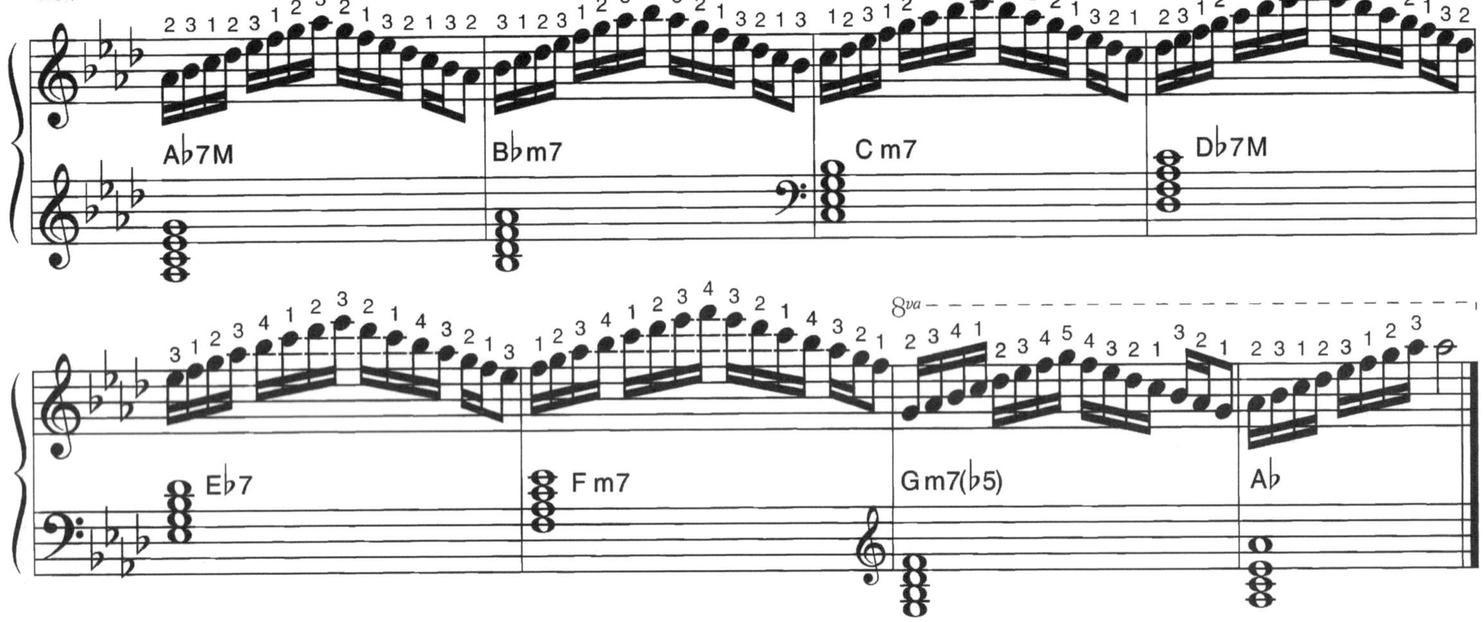
A♭7M
B♭m7
C m7
D♭7M
E♭7
F m7
8va
G m7(♭5)
A♭

Lá

A 7M
B m7
C♯m7
D 7M
E 7
F♯m7
8va
G♯m7(♭5)
A

Sib

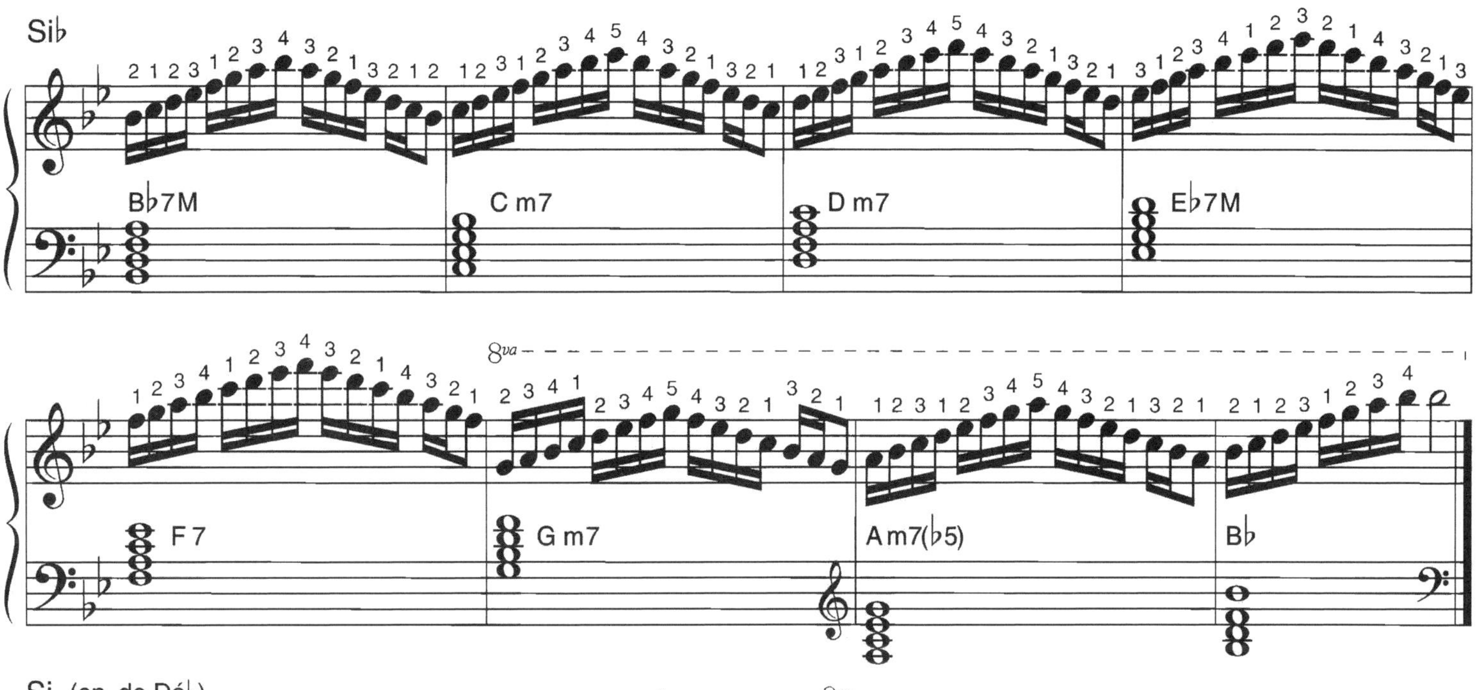

Si (en. de Dób)

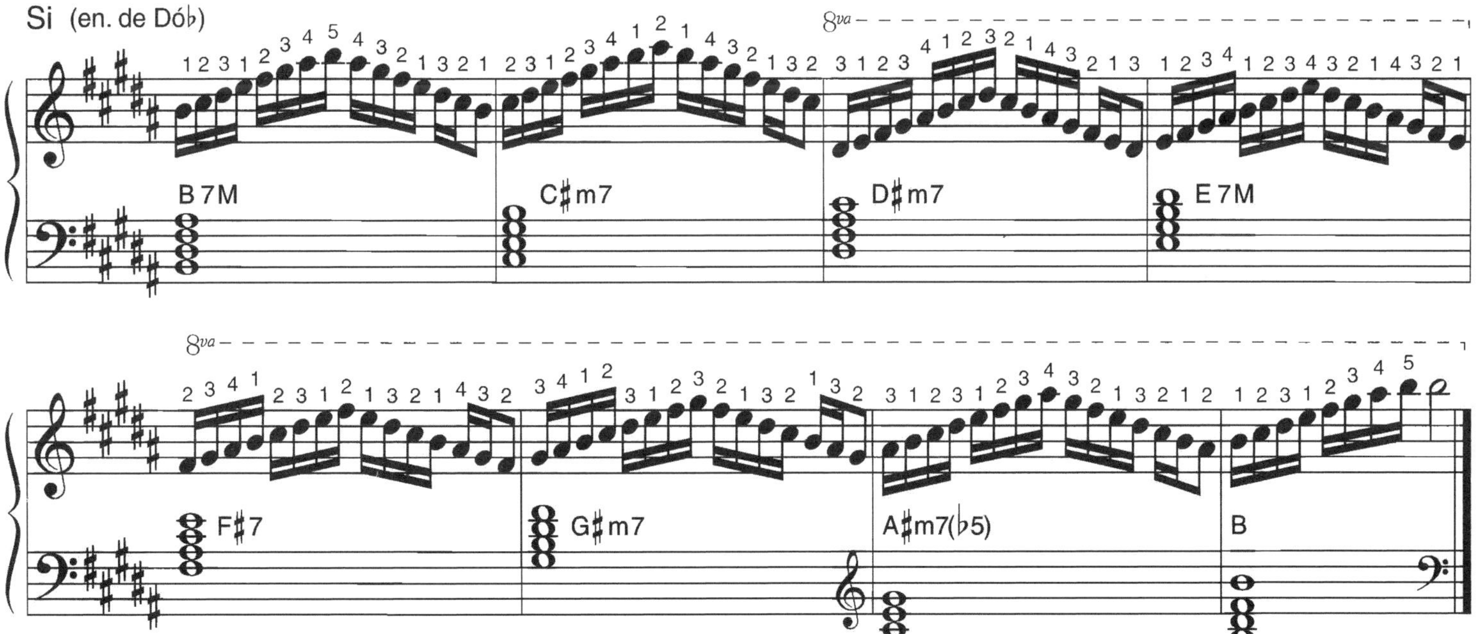

Dób (en. de Si)

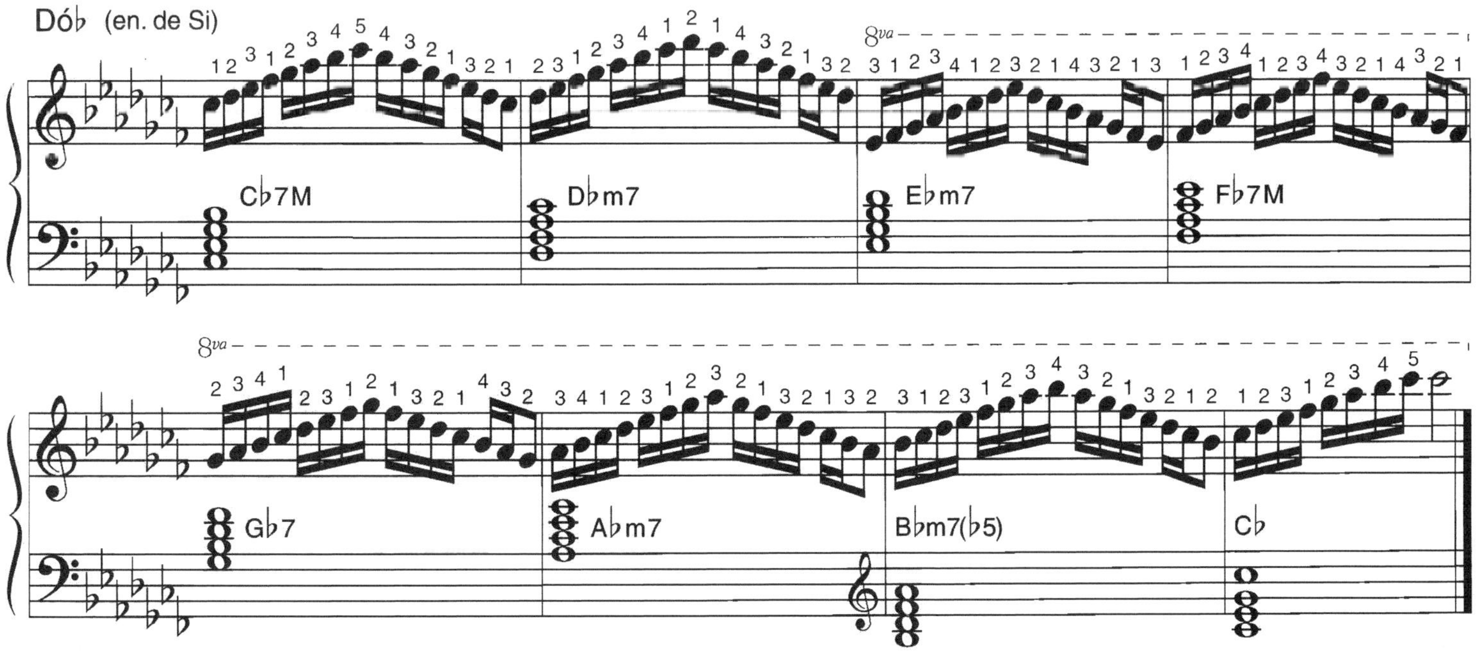

ARPEJOS E ACORDES

Preliminar para arpejos e acordes

Maiores e menores mais usados, na ordem dos semitons ascendentes.

Estado Fundamental — **1ª Inversão** — **2ª Inversão**

Dó Maior — C — C/E — C/G

Dó menor — Cm — Cm/E♭ — Cm/G

Ré♭ Maior (en. de Dó♯) — D♭ — D♭/F — D♭/A♭

Dó♯ menor — C♯m — C♯m/E — C♯m/G♯

Ré Maior — D — D/F♯ — D/A

Ré menor — Dm — Dm/F — Dm/A

Mib Maior

Mib menor (en. de Ré♯ m)

Mi Maior

Mi menor

Fá Maior

Fá menor

Fá♯ Maior (en. de Sol♭)
F♯
F♯/A♯
F♯/C♯
Fá♯ menor
F♯m
F♯m/A
F♯m/C♯
Sol Maior
G
G/B
G/D
Sol menor
G m
G m/B♭
G m/D
Lá♭ Maior
A♭
A♭/C
A♭/E♭
Sol♯ menor (en. de Lá♭ m)
G♯m
G♯m/B
G♯m/D♯

Lá Maior
A
A/C♯
A/E
Lá menor
A m
A m/C
A m/E
Si♭ Maior
B♭
B♭/D
B♭/F
Si♭ menor (en. de Lá♯ m)
B♭m
B♭m/D♭
B♭m/F
Si Maior (en. de Dó♭)
B
B/D♯
B/F♯
Si menor
B m
B m/D
B m/F♯

Arpejos em uma oitava e acordes dobrados

Ordem das quintas sucessivas.

Estado Fundamental — **1ª Inversão** — **2ª Inversão**

Dó Maior — C — C/E — C/G

Lá menor — A m — A m/C — A m/E

Sol Maior — G — G/B — G/D

Mi menor — E m — E m/G — E m/B

Ré Maior — D — D/F# — D/A

Si menor — B m — B m/D — B m/F#

Lá Maior
A
A/C♯
A/E
Fá♯ menor
F♯m
F♯m/A
F♯m/C♯
8va
Mi Maior
E
E/G♯
E/B
8va
Dó♯ menor
C♯m
C♯m/E
C♯m/G♯
Si Maior (en. de Dó♭)
B
B/D♯
B/F♯
Sol♯ menor (en. de Lá♭ m)
G♯m
G♯m/B
G♯m/D♯
8va

Fá# Maior (en. de Solb)

Ré# menor (en. de Mib m)

Dó# Maior (en. de Réb)

Lá# menor (en. de Sib m)

Fá Maior

Ré menor

Si♭ Maior
B♭
B♭/D
B♭/F
Sol menor
G m
G m/B♭
G m/D
Mi♭ Maior
E♭
E♭/G
E♭/B♭
Dó menor
C m
C m/E♭
C m/G
Lá♭ Maior
A♭
A♭/C
A♭/E♭
Fá menor
F m
F m/A♭
F m/C

Ré♭ Maior (en. de Dó♯)
D♭
D♭/F
D♭/A♭
8va
Si♭ menor (en. de Lá♯ m)
B♭m
B♭m/D♭
B♭m/F
Sol♭ Maior (en. de Fá♯)
G♭
G♭/B♭
G♭/D♭
8va
Mi♭ menor (en. de Ré♯ m)
E♭m
E♭m/G♭
E♭m/B♭
8va
Dó♭ Maior (en. de Si)
C♭
C♭/E♭
C♭/G♭
Lá♭ menor (en. de Sol♯ m)
A♭m
A♭m/C♭
A♭m/E♭
8va

Arpejos maiores e menores em quintas sucessivas

Exercitar também em 3 e 4 oitavas.
A abreviatura adotada para enarmônico é "en.".

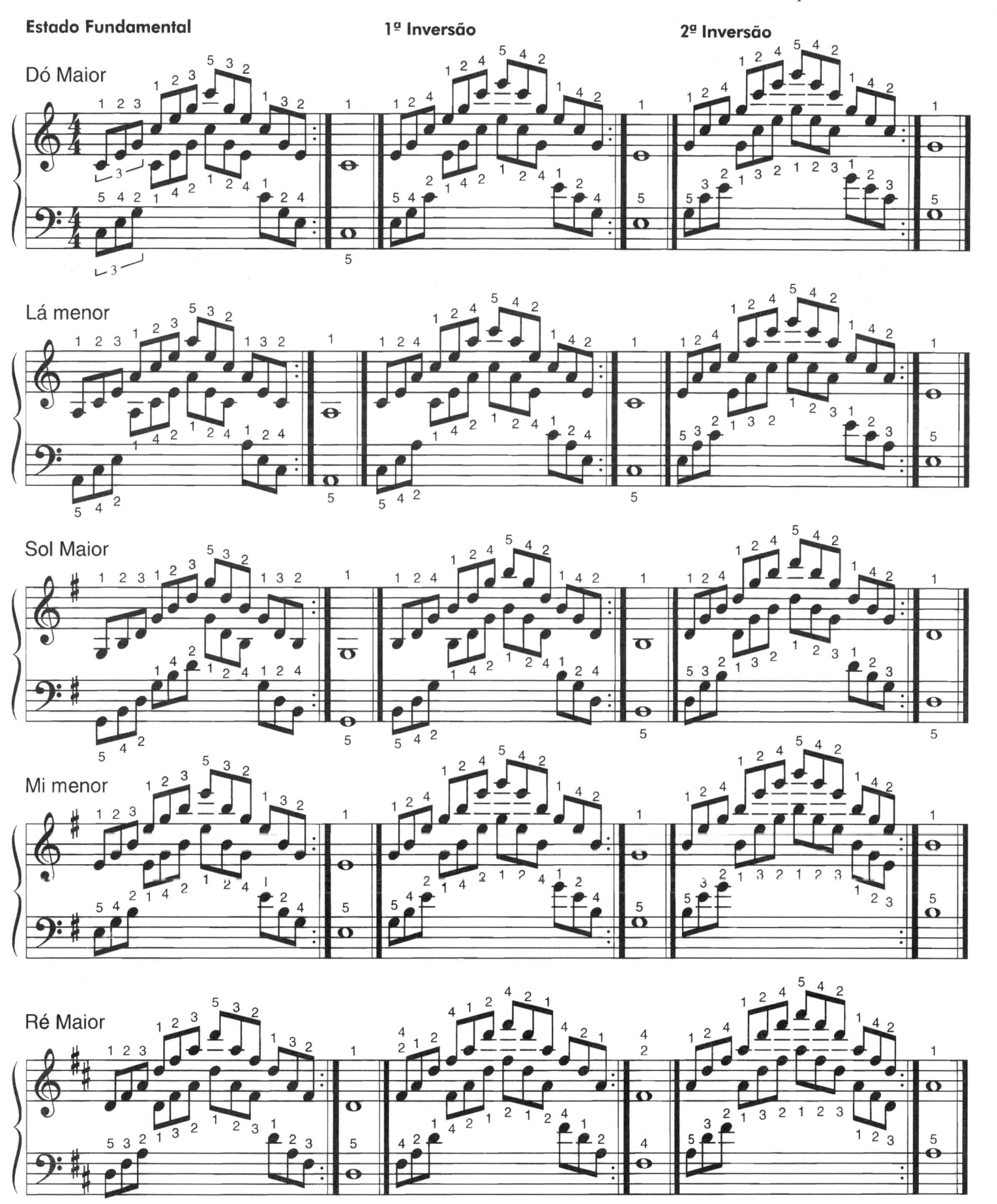

Estado Fundamental   **1ª Inversão**   **2ª Inversão**

Dó Maior

Lá menor

Sol Maior

Mi menor

Ré Maior

Si menor

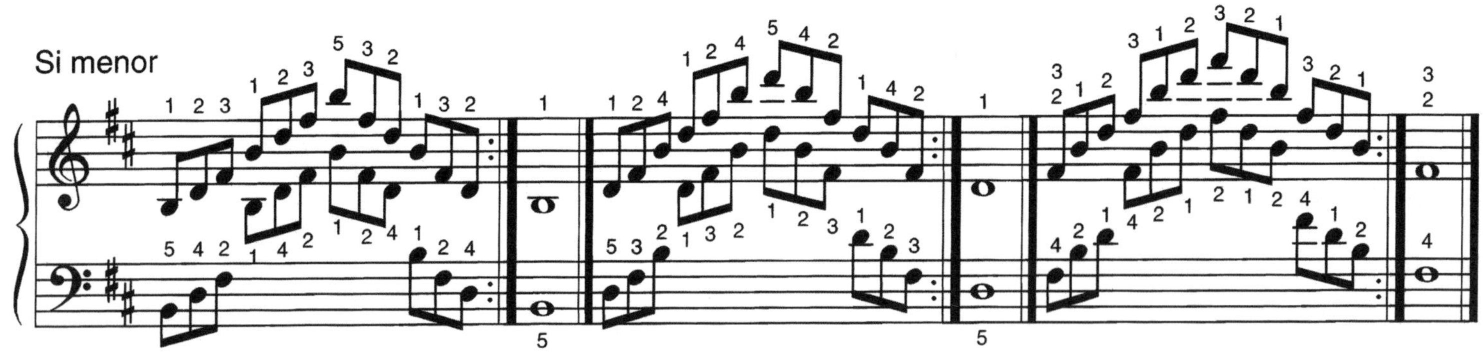

Lá Maior

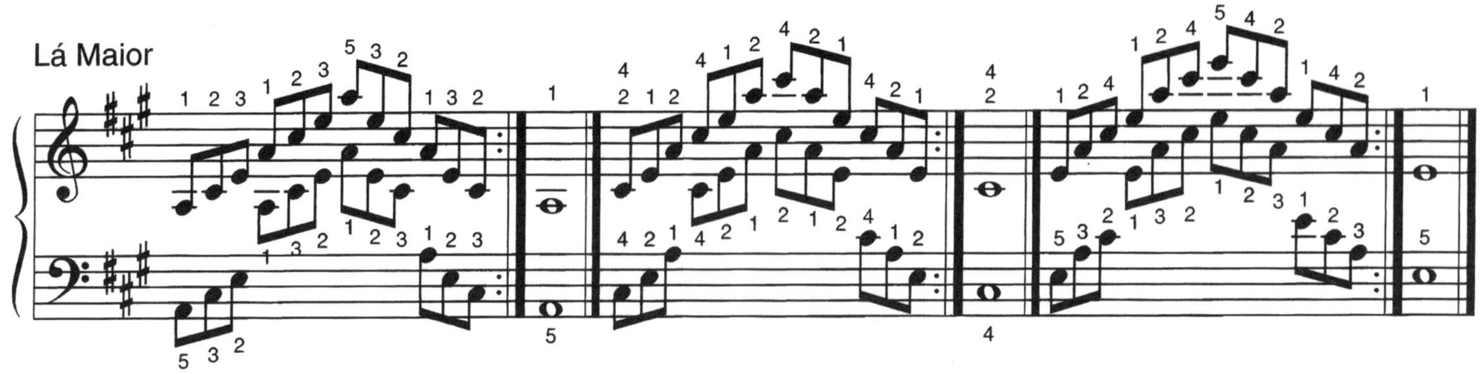

Fá# menor

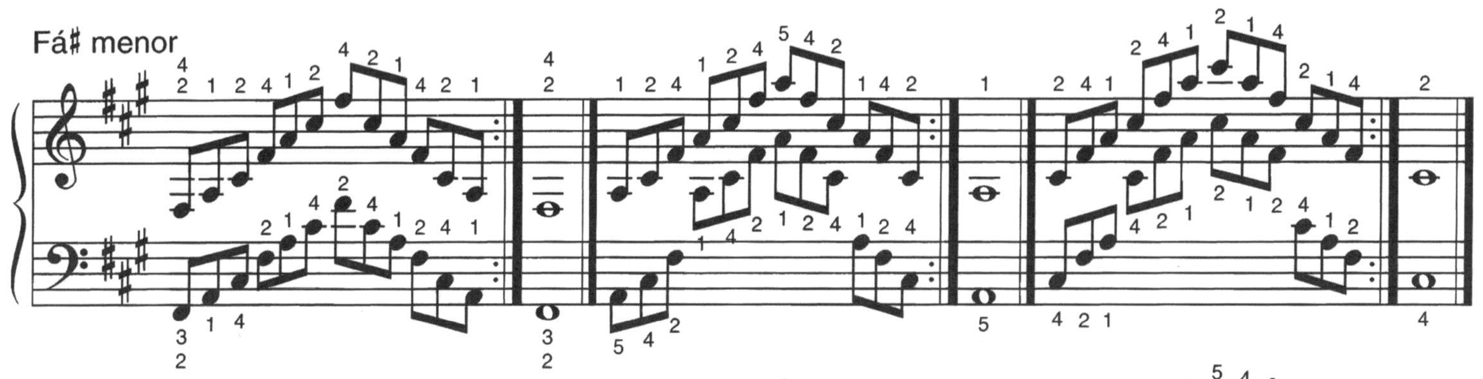

Mi Maior

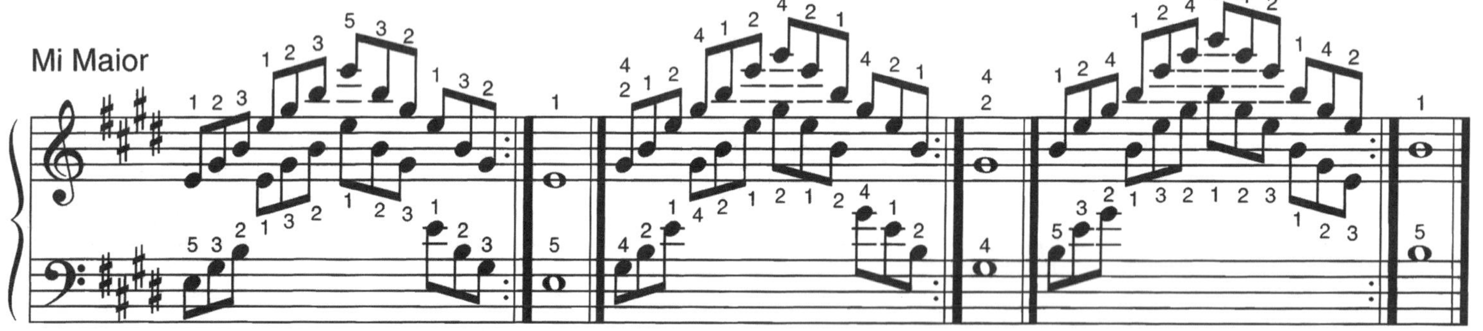

Dó# menor

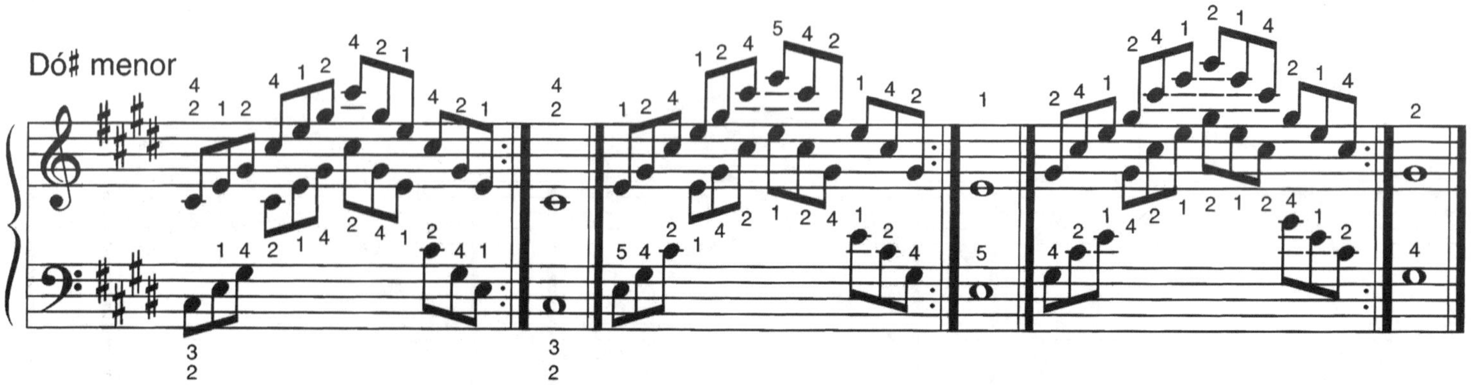

Si Maior (en. de Dó♭)

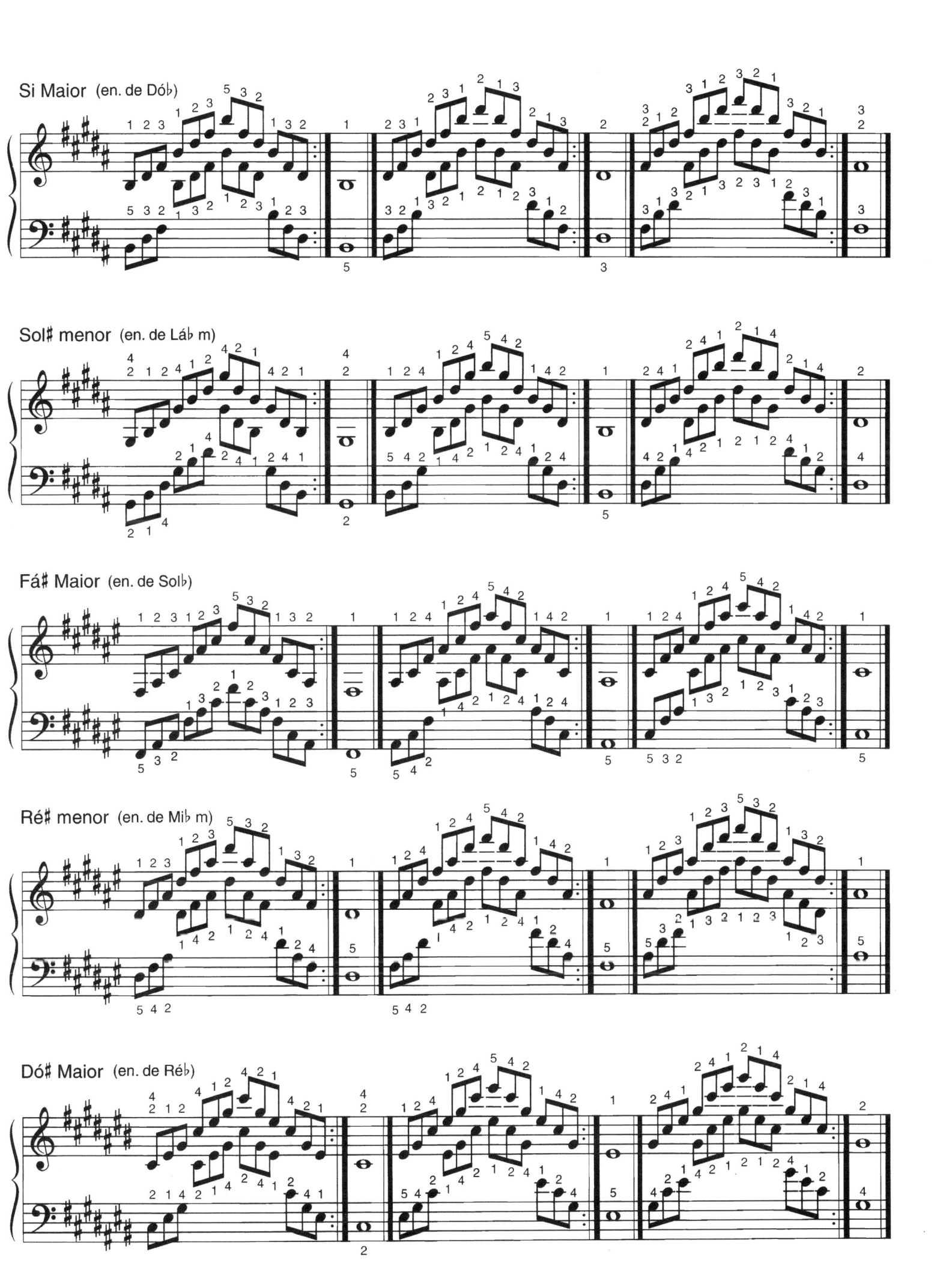

Sol♯ menor (en. de Lá♭ m)

Fá♯ Maior (en. de Sol♭)

Ré♯ menor (en. de Mi♭ m)

Dó♯ Maior (en. de Ré♭)

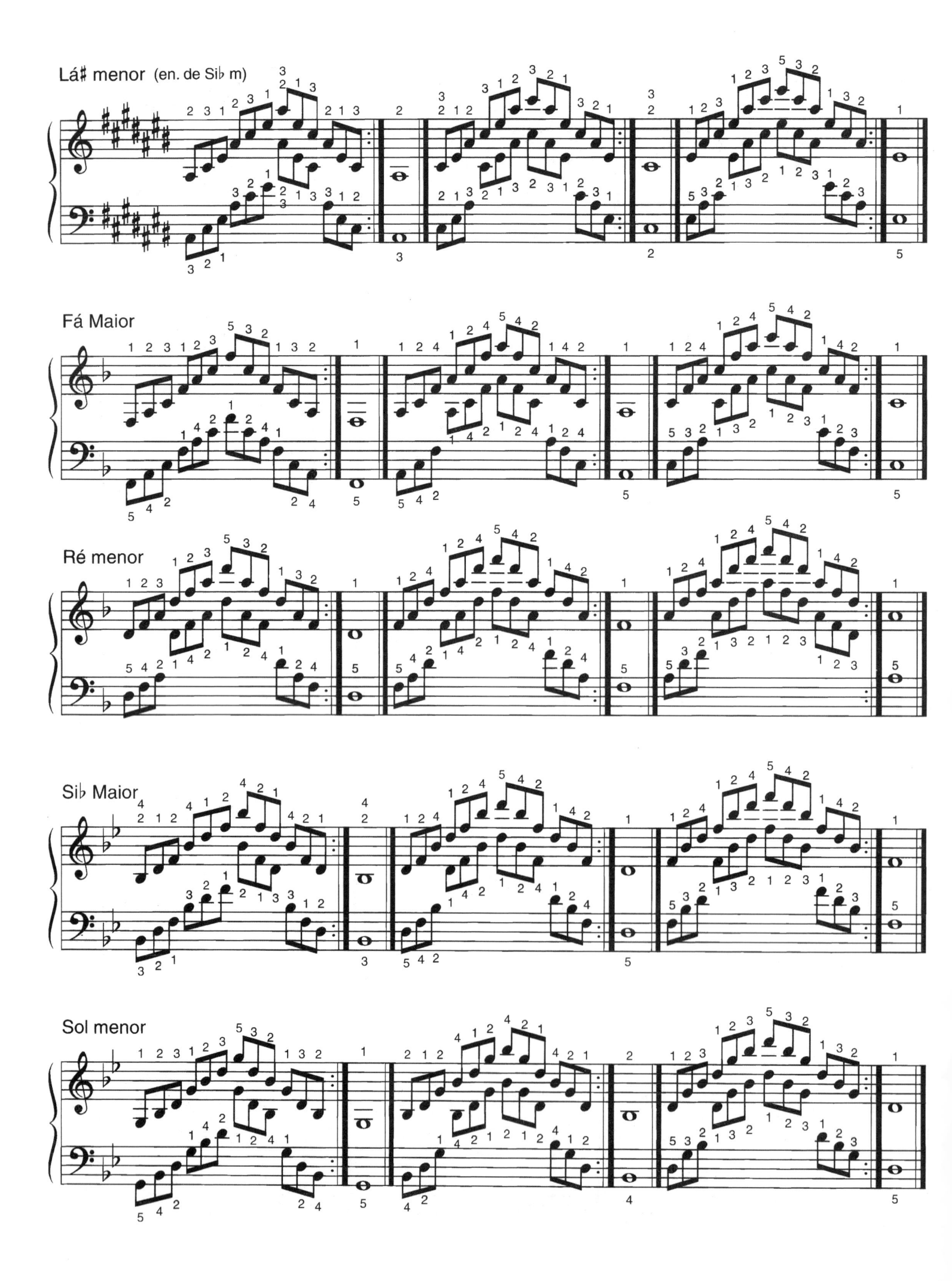

- Lá# menor (en. de Si♭ m)
- Fá Maior
- Ré menor
- Si♭ Maior
- Sol menor

Mib Maior

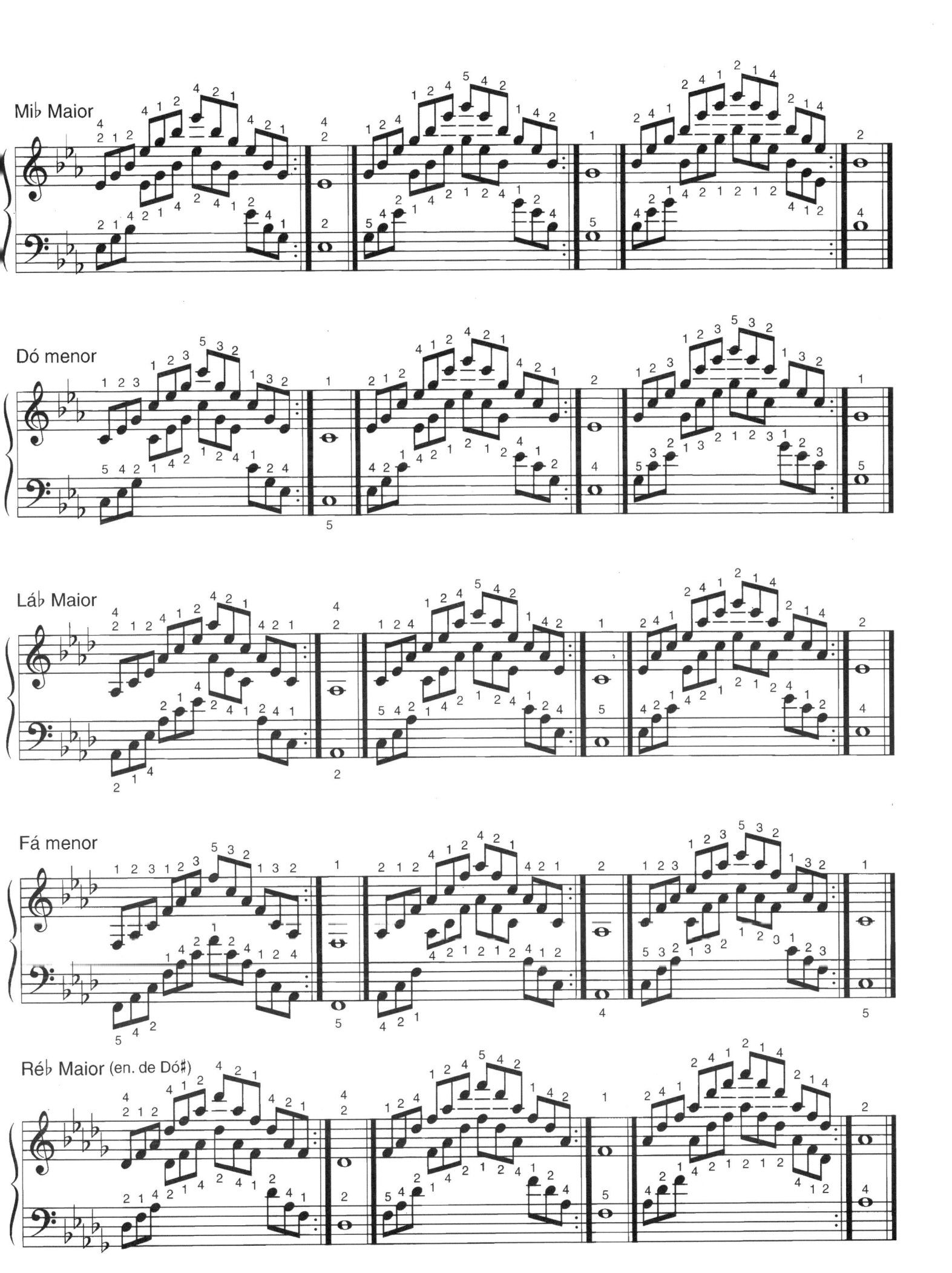

Dó menor

Láb Maior

Fá menor

Réb Maior (en. de Dó#)

Si♭ menor (en. de Lá♯ m)

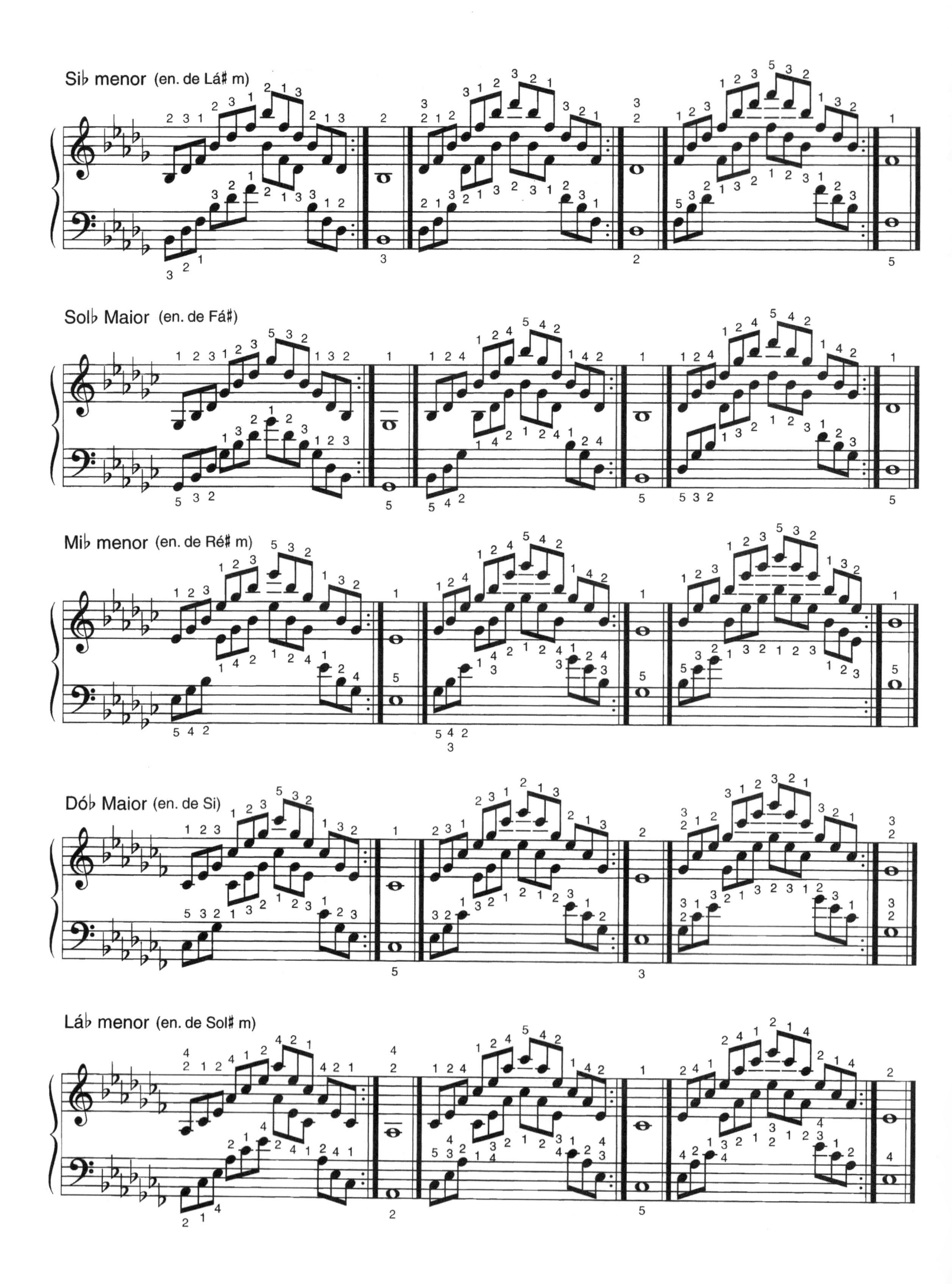

Sol♭ Maior (en. de Fá♯)

Mi♭ menor (en. de Ré♯ m)

Dó♭ Maior (en. de Si)

Lá♭ menor (en. de Sol♯ m)

Arpejos em movimento contrário

Exemplos em cinco tonalidades.
Exercitar também em 3 e 4 oitavas e nos demais tons.

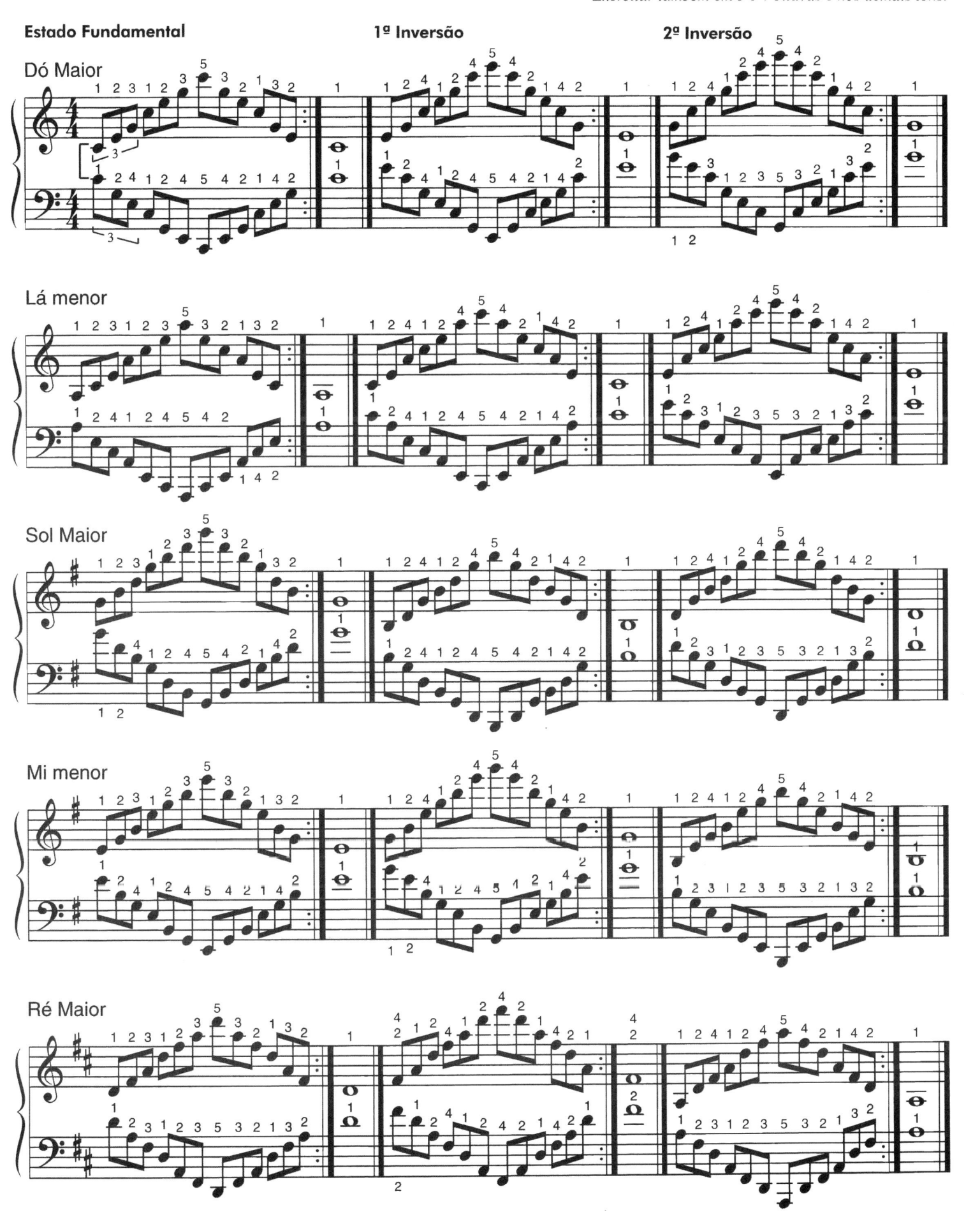

Estado Fundamental   **1ª Inversão**   **2ª Inversão**

Dó Maior

Lá menor

Sol Maior

Mi menor

Ré Maior

Arpejos em semitons sucessivos

Exercitar em 3 e 4 oitavas e em movimento contrário.
As alterações estão escritas em cada compasso.

71

Preliminar para arpejos de 7ª dominante

V7 indica o acorde dominante (maior com 7ª menor), encontrado no quinto grau de cada tonalidade. Ordem das quintas ascendentes nas quatro posições.

Estado Fundamental — **1ª Inversão** — **2ª Inversão** — **3ª Inversão**

Sol 7ª (V7 de Dó) — G 7 — G 7/B — G 7/D — G 7/F

Ré 7ª (V7 de Sol) — D 7 — D 7/F♯ — D 7/A — D 7/C

Lá 7ª (V7 de Ré) — A 7 — A 7/C♯ — A 7/E — A 7/G

Mi 7ª (V7 de Lá) — E 7 — E 7/G♯ — E 7/B — E 7/D

Si 7ª (V7 de Mi) — B 7 — B 7/D♯ — B 7/F♯ — B 7/A

Fá♯ 7ª (V7 de Si) - en. de Sol♭ 7ª (V7 de Dó♭)
F♯7
F♯7/A♯
F♯7/C♯
F♯7/E
Dó♯ 7ª (V7 de Fá♯) - en. de Ré♭ 7ª (V7 de Sol♭)
C♯7
C♯7/E♯
C♯7/G♯
C♯7/B
Sol♯ 7ª (V7 de Dó♯) - en. de Lá♭ 7ª (V7 de Ré♭)
G♯7
G♯7/B♯
G♯7/D♯
G♯7/F♯
Dó 7ª (V7 de Fá)
C7
C7/E
C7/G
C7/B♭
Fá 7ª (V7 de Si♭)
F7
F7/A
F7/C
F7/E♭

Si♭ 7ª (V7 de Mi♭)

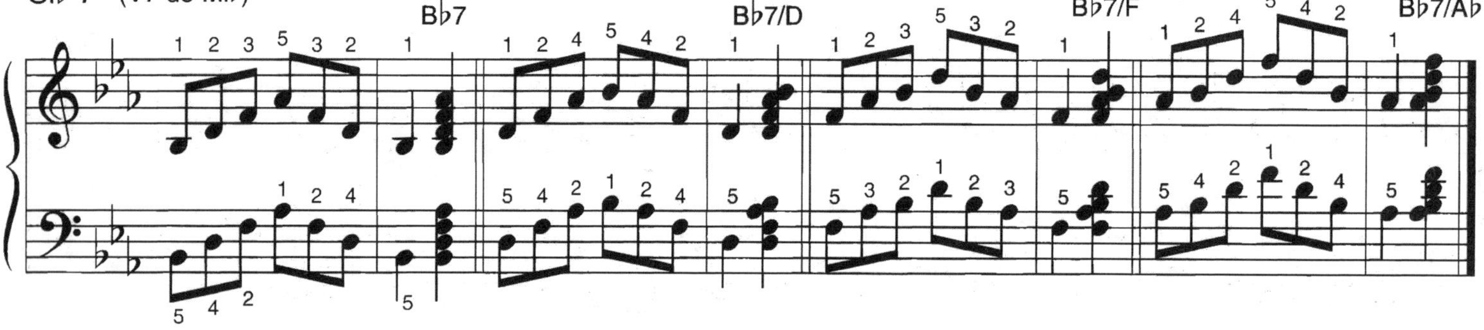

Mi♭ 7ª (V7 de Lá♭)

Lá ♭ 7ª (V7 de Ré♭) - en. de Sol♯ 7ª (V7 de Dó♯)

Ré♭ 7ª (V7 de Sol♭) - en. de Dó♯ 7ª (V7 de Fá♯)

Sol♭ 7ª (V7 de Dó♭) - en. de Fá♯ 7ª (V7 de Si)

Sol 7ª (V7 de Dó)
Dó 7ª (V7 de Fá)
Fá 7ª (V7 de Si♭)
Si♭ 7ª (V7 de Mi♭)
Mi♭7ª (V7 de Lá♭)
Lá♭ 7ª (V7 de Ré♭) - en. de Sol♯ 7ª (V7 de Dó♯)
Dó♯ 7ª (V7 de Fá♯) - en. de Ré♭ 7ª (V7 de Sol♭)
Fá♯ 7ª (V7 de Si) - en. de Sol♭ 7ª (V7 de Dó♭)
Si 7ª (V7 de Mi)
Mi 7ª (V7 de Lá)
Lá 7ª (V7 de Ré)
Ré 7ª (V7 de Sol)

Arpejos de 7ª dominante

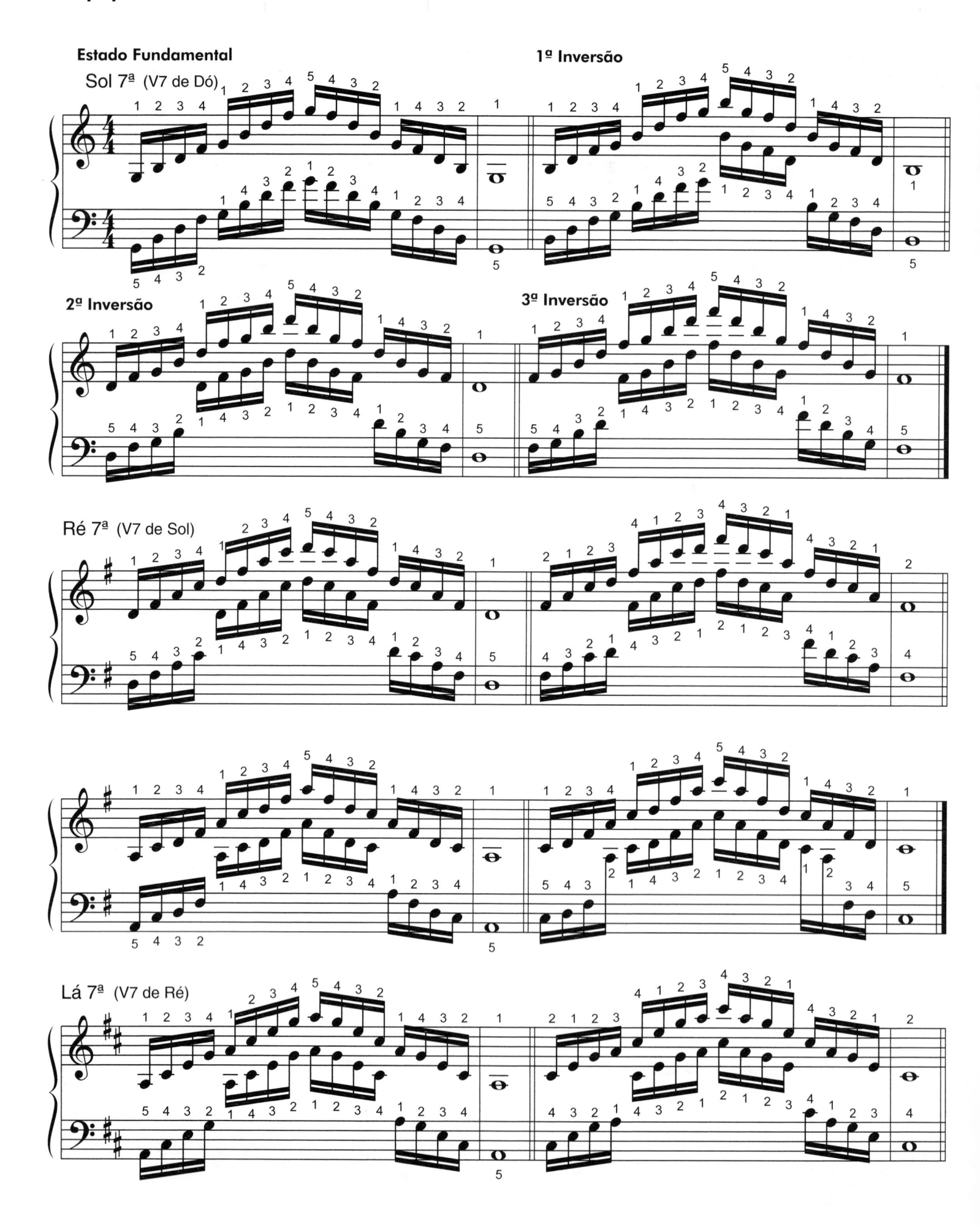

Estado Fundamental — Sol 7ª (V7 de Dó)

1ª Inversão

2ª Inversão

3ª Inversão

Ré 7ª (V7 de Sol)

Lá 7ª (V7 de Ré)

Mi 7ª (V7 de Lá)

Si 7ª (V7 de Mi)

Fá# 7ª (V7 de Si) - en. de Sol♭ 7ª (V7 de Dó♭)

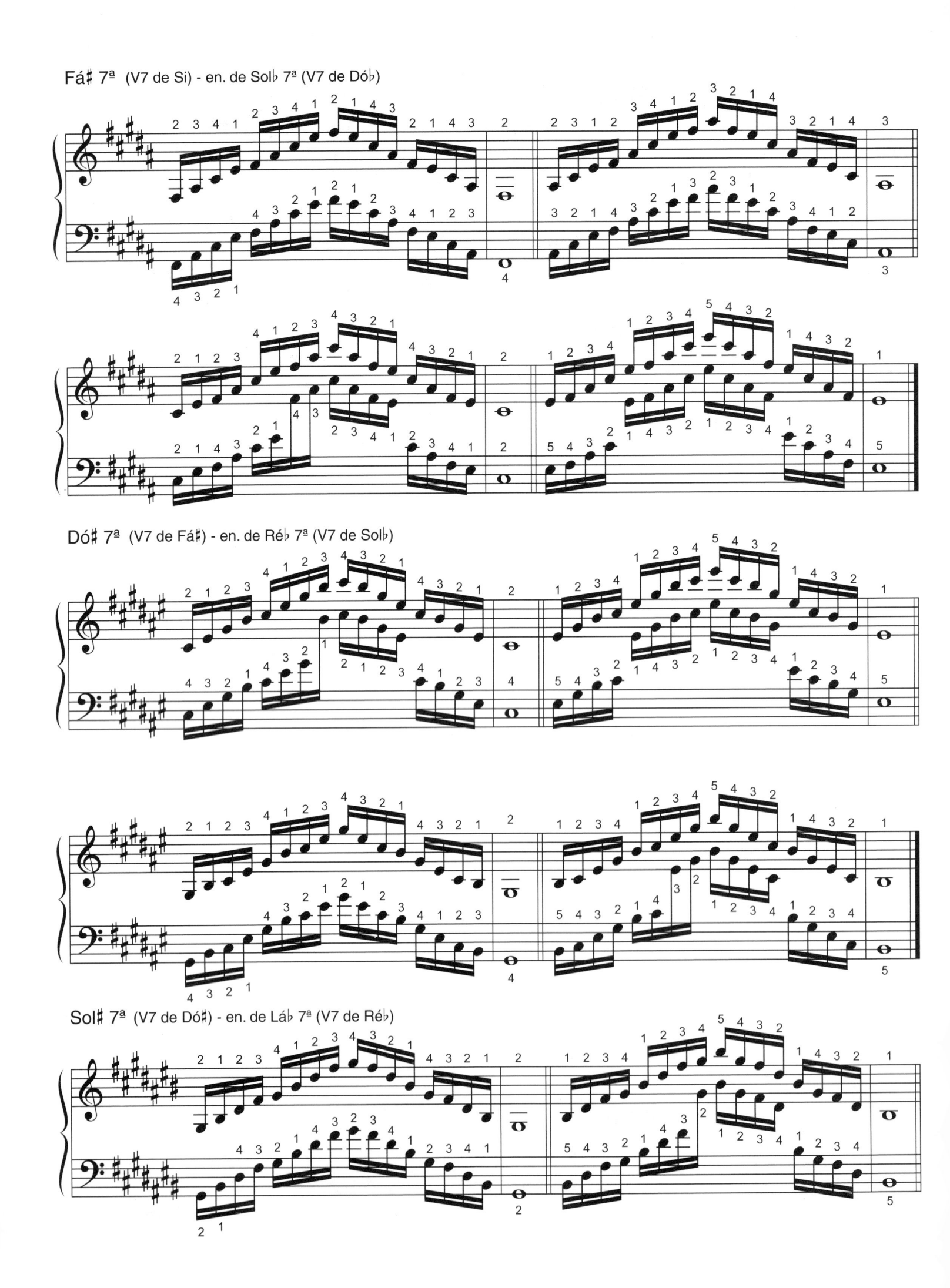

Dó# 7ª (V7 de Fá#) - en. de Ré♭ 7ª (V7 de Sol♭)

Sol# 7ª (V7 de Dó#) - en. de Lá♭ 7ª (V7 de Ré♭)

Dó 7ª (V7 de Fá)

Fá 7ª (V7 de Sib)

Sib 7ª (V7 de Mib)

Mib 7ª (V7 de Lab)

Láb 7ª (V7 de Réb) - en. de Sol# 7ª (V7 de Dó#)

Ré♭ 7ª (V7 de Sol♭) - en. de Dó♯ 7ª (V7 de Fá♯)

Sol♭ 7ª (V7 de Dó♭) - en. de Fá♯ 7ª (V7 de Si)

Arpejos e acordes de 7ª diminuta

Ordem dos semitons suvcessivos, movimento paralelo

*Alterações escritas em cada compasso.
Executar mão esquerda oitava acima.*

Ordem dos semitons sucessivos, movimento contrário

Arpejos de 7ª diminuta em semitons sucessivos

Arpejos simétricos de 7ª diminuta

ME: 8va

MODELO

Modelo para praticar em todos os tons

*Alterações escritas em cada compasso
além da armadura, para facilitar.*

Ré♭

Ré

Mi♭

Mi

Fá

Fá#

90

Sol♭

Sol

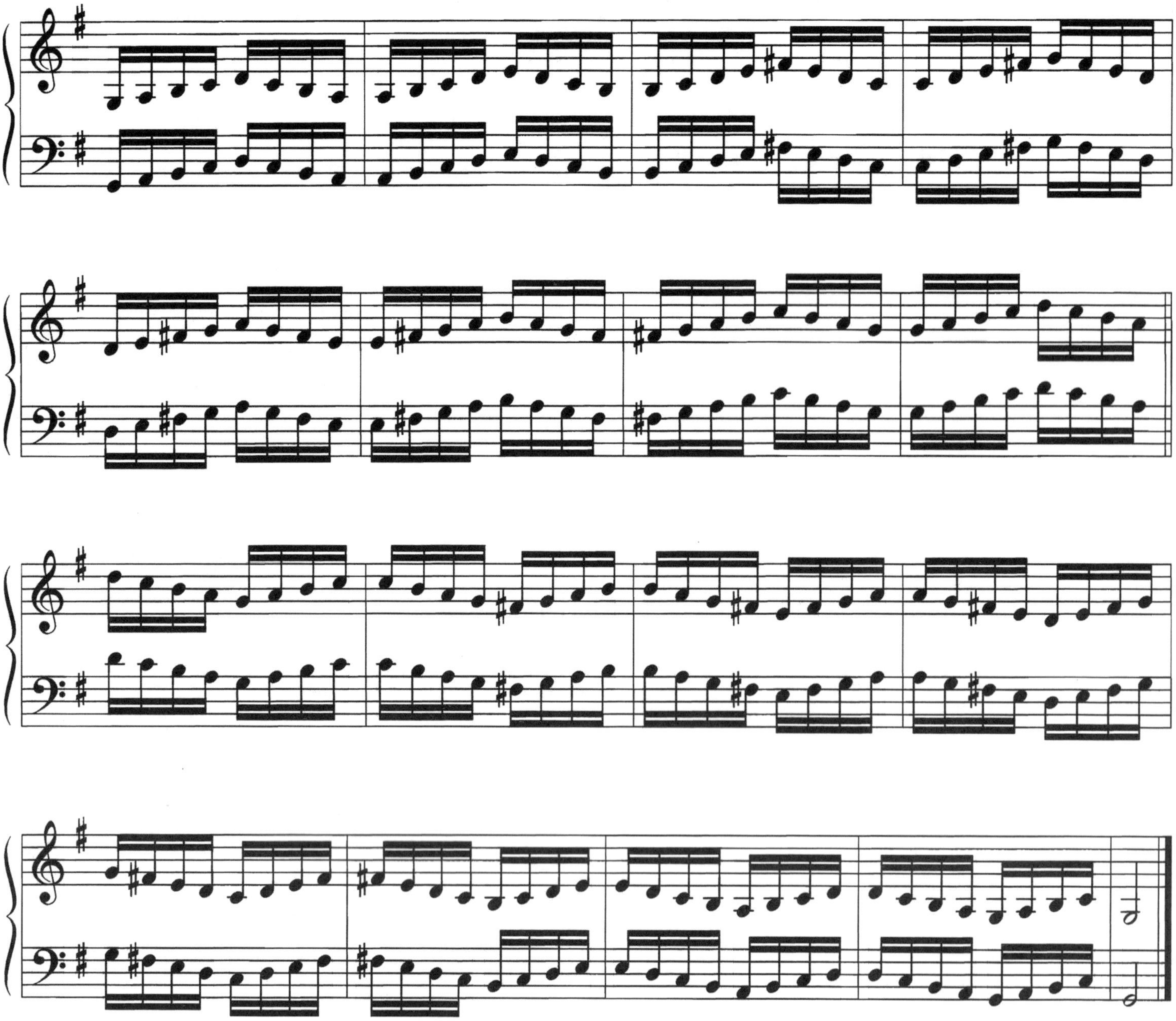

Lá♭

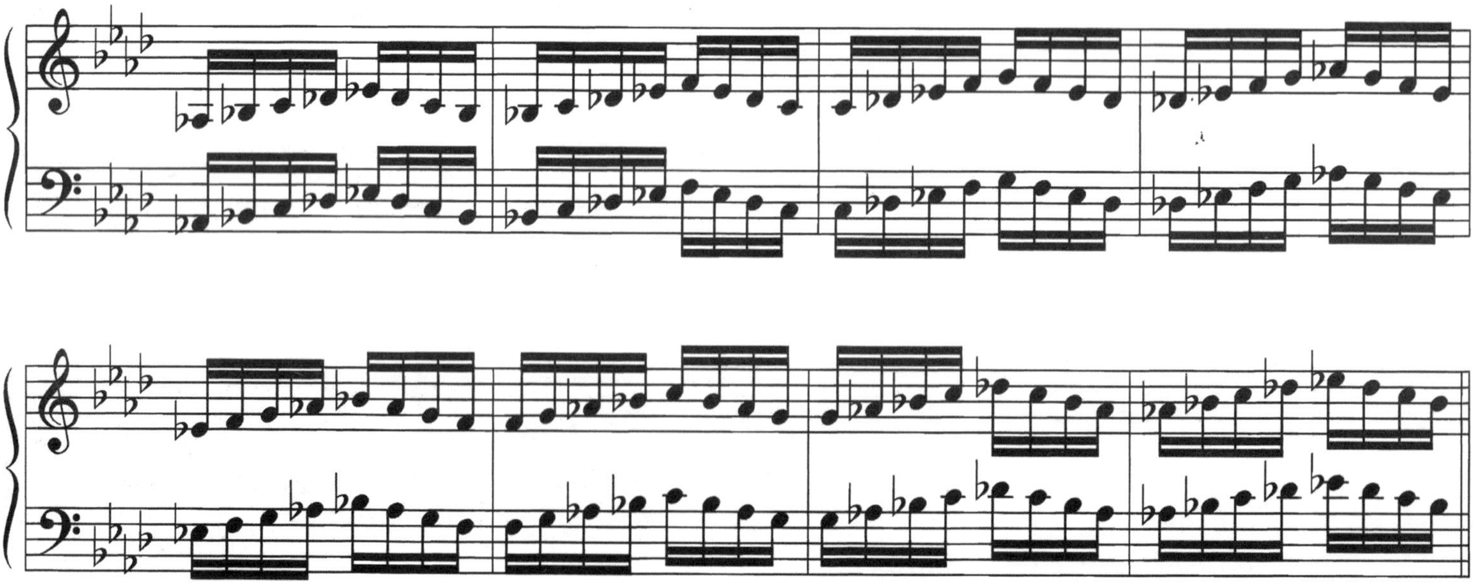

Lá

Sib

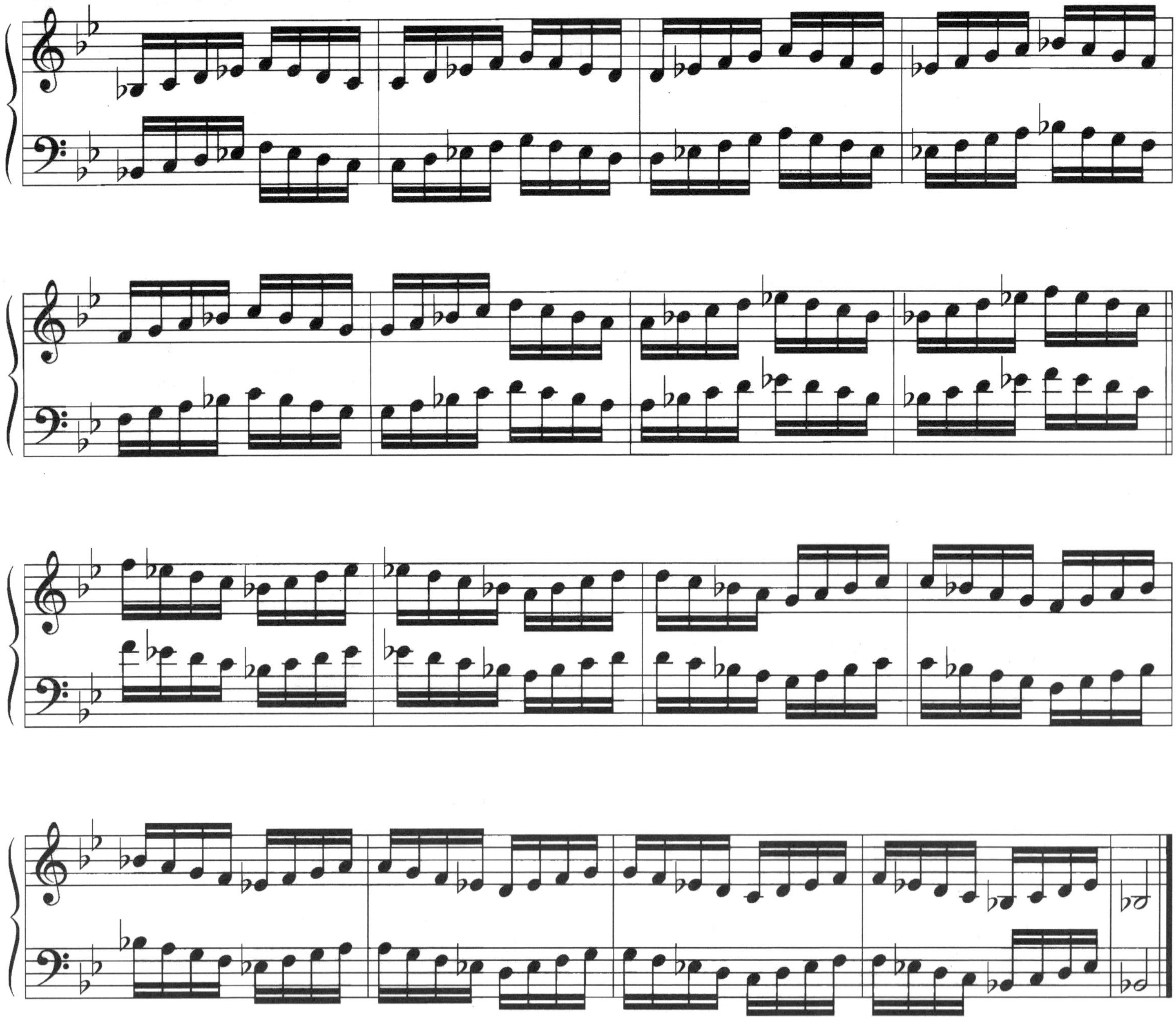

Si

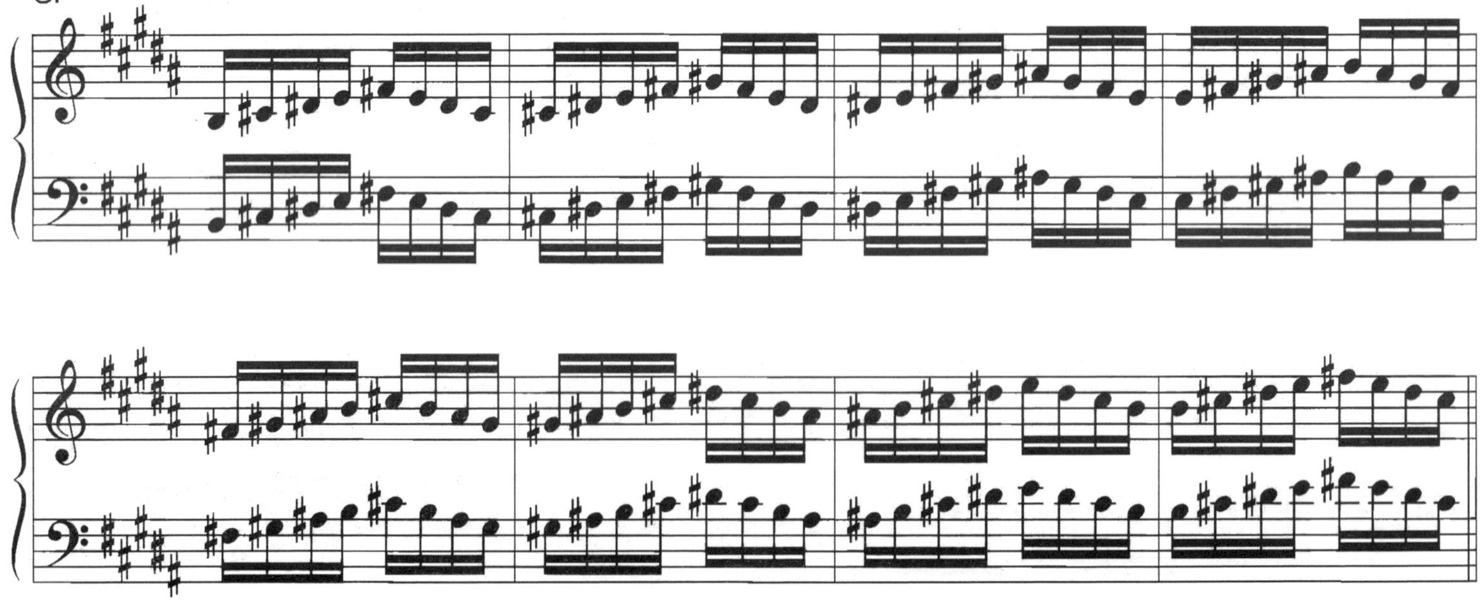

Dó♭

Anotações